손에 잡히는 10분 정규 표현식
Learning Regular Expressions

Learning Regular Expressions

by Ben Forta

Authorized translation from the English language edition, entitled LEARNING REGULAR EXPRESSIONS, 1st edition by FORTA, BEN, published by Pearson Education, Inc, publishing as Addison-Wesley Professional, Copyright © 2018

Korean language edition published by INSIGHT PRESS, Copyright © 2019

손에 잡히는 10분 정규 표현식

초판 1쇄 발행 2019년 7월 15일 **2쇄 발행** 2021년 12월 10일 **지은이** 벤 포터 **옮긴이** 김경수, 이종진, 신나라 **펴낸이** 한기성 **펴낸곳** (주)도서출판인 사이트 **편집** 백주옥 **본문 디자인** 성은경 **제작·관리** 이유현, 박미경 **용지** 월드페이퍼 **인쇄** 에스제이피앤비 **후가공** 에이스코팅 **제본** 서정바인텍 **등 록번호** 제2002-000049호 **등록일자** 2002년 2월 19일 **주소** 서울시 마포구 연남로5길 19-5 **전화** 02-322-5143 **팩스** 02-3143-5579 **블로그** http:// blog.insightbook.co.kr **이메일** insight@insightbook.co.kr **ISBN** 978-89-6626-236-6 책값은 뒤표지에 있습니다. 잘못 만들어진 책은 바꾸어 드립 니다. 이 책의 정오표는 http://blog.insightbook.co.kr에서 확인하실 수 있습니다.

프로그래밍 인사이트

손에 잡히는 10분 정규 표현식

벤 포터 지음 | 김경수 · 이충진 · 스나리 옮김

인사이트

차례

부록 A 많이 쓰는 애플리케이션과 언어에서 활용하는 정규 표현식 143

옮긴이의 글

이 책은 벤 포터가 쓴 《Learning Regular Expressions》의 번역서로 정규 표현식을 어려워하는 초심자들을 위해 예제를 중심으로 설명하고 있습니다. 이 책은 일상이나 실무에서 접하게 되는 다양한 문자열을 여러 정규 표현식 기법을 사용하여 간단하게 분류하고 정제하는 방법을 설명하고 있습니다.

제가 학생 무렵에 처음 정규 표현식을 스쳐 지나가듯 접했을 때, '난 앞으로 이런 사문난적(斯文亂賊) 같은 것을 만질 일은 없겠지?' 하고 생각했었습니다. 그런데 막상 현업을 시작할 무렵에 선임에게 받은 코드에는 정규 표현식이 잔뜩 펴 발라져 있었던 것입니다. 이러한 경악스러운 문자들의 나열 방법이 어느 정도 머리에 들어올 징도가 뇌었을 때, 십여 줄이 넘는 코드가 짧은 기호들 몇 개의 묶음으로 정리가 되는 깔끔한 전개에 감탄하게 되었습니다.

하지만 여전히 정규 표현식을 까다로워하는 사람들도 많으며, 이런 사람들을 위해서 VerbalExpression이라는 정규 표현식을 래핑하여 이해하기 쉬운 구문으로 표현하도록 하거나, 많은 개발 도구에서 정규 표현식 구문 테스트나 시각화 등을 통해 손쉽게 정규 표현식을 사용할 수 있는 에코시스템들이 구비되고 개선되어 가고 있습니다.

정규 표현식에 익숙해짐에 따라 까다로운 많은 일들을 정규 표현식의 도움으로 쉽게 해결하는 일들이 많아지다가 이렇게 이 책을 번역할 수 있는 기회까지 얻게 되었습니다. 이 책의 초판을 번역하셨던 김경수 님께 깊은 존경을 표하며, 번역 과정에 같이 수고한 신나라 님과 인사이트 관계자 여러분께 감사의 말씀을 드립니다.

2019년 6월

이종진

지은이의 글

들어가는 글

정규 표현식과 정규 표현 언어는 여러 해 동안 존재해 왔습니다. 정규 표현식 전문가들은 오랫동안 믿을 수 없을 정도로 강력한 도구로 무장해 왔는데, 이 도구는 거의 모든 언어와 플랫폼에서 모든 종류의 텍스트를 강력하게 처리하고 조작할 수 있습니다.

이건 좋은 소식입니다. 나쁜 소식은 오직 기술에 정통한 사람들만이 정규 표현식을 오랫동안 독점하여 사용해 왔다는 사실입니다. 우리 중 대다수는 정규 표현식이 어떤 일을 하는지, 정규 표현식으로 어떤 문제를 해결할 수 있는지 완벽하게 알지 못합니다. 용기를 가지고 접근했던 사람들도 정규 표현식 문법이 직관적이지 못하고, 심지어 복잡해 보이기까지 하다는 사실을 발견합니다. 슬픈 일이지요. 사실 정규 표현식은 첫눈에 봤을 때 느꼈던 만큼 복잡하지 않기 때문입니다. 정규 표현식을 대할 때는 풀어야 할 문제를 명확하게 이해하고, 정규 표현식이 문제를 푸는 데 어떻게 도움이 될지 아는 것이 중요합니다.

이 주제를 다룬 양질의 자료가 부족하다는 점도 문제입니다. 사실 대다수 웹사이트에서는 정규 표현식 따라하기(tutorial)만을 내세웁니다. 그리고 몇 안 되는 정규 표현식 책은 {가 무엇이고, +와 *는 어떻게 다른지 살피는 문법에 치중합니다. 하지만 정규 표현식 문법 자체는 쉽습니다. 정규 표현 언어에서 특수문자는 그렇게 많지 않으니까요. 현업에서 발생하는 문제를 해결할 때 그 문자들을 어떻게 사용하는지 이해하는 일이 어렵지요.

여러분이 들고 있는 이 책은 정규 표현식에 대해 알아야 할 모든 것을 다루는 결정판은 아닙니다. 만약 그런 책을 원하신다면, 제프리 프리들(Jeffrey Friedl)의 《Mastering Regular Expressions(O'Reilly)》를 보기 바랍니다. 프리들은 유명한 정규 표현식 구루(guru)이며, 그가 쓴 책은 정규 표현식을 완벽하게 다루며 가장 포괄적으로 담았습니다. 프리들 씨를 공격하려는 의도는 없지만, 그 책은 초보자나 그저 자신의 작업에 정규 표현식은 활용하고 싶어 하는 일반 사용자에게는 알맞지 않습니다. 이런 사용자는 정규 표현식 엔진이 내부에서 어떻게 동작하는지 이해할 필요가 없기 때문입니다. 물론 정규 표현식 엔진이 내부에서 동작하는 방식이 쓸모없는 정보라는 것은 아닙니다. 분명 유용합니다. 하지만 우리가 단순히 HTML 양식에 유효성 검사(validation)를 추가하거나 간단하게 텍스트를 치환하고자 한다면, 그다지 필요하지 않습니다. 또한 정규 표현식을 지금 당장 사용해야 하는 이들이 활용할 수 있는 정보는 너무 적고, 공부해야 할 정보는 너무 많아 갈팡질팡하게 될 것입니다.

그래서 이 책을 만들었습니다. 《손에 잡히는 10분 정규 표현식》에서는 간단한 텍스트 찾기에서 시작하여 역참조 사용하기, 조건절 처리, 전방탐색을 포함해 한결 복잡한 주제까지 여러분이 정규 표현식에서 정말 알아야 할 내용들을 가르쳐 줍니다. 정규 표현식에서 무엇을 사용할 수 있는지 차근차근 체계적으로 배우고, 명확하고 실용적인 예제를 통해 실제 상황에서 마주치는 문제들을 해결해 봅니다. 각 장을 익히는 데 10분 정도 걸릴 것입니다.

누구를 위한 책인가?

이 책은 다음과 같은 독자들을 위해 쓰였습니다.

- 정규 표현식을 처음 시작하는 사람
- 정규 표현 언어의 기능 대부분을 빠른 시간 안에 배우고 싶은 사람
- 여러분에게 주어진 가장 강력한 도구를 통해 (최소한의 이해로) 실제 상황에서 다루는 문제들을 해결하는 법을 배워 남들보다 앞서 나가고 싶은 사람

- 웹 애플리케이션을 구축하면서, 한층 정교하게 양식(form)과 텍스트를 처리하기를 갈망하는 사람
- 자바스크립트, 자바, 닷넷, PHP, 파이썬, MySQL(그리고 그 밖의 많은 언어들)을 사용하고 있고, 해당 언어 환경에서 정규 표현식을 어떻게 쓰는지 알고 싶은 사람
- 다른 사람에게 도움 받지 않고, 정규 표현식으로 쉽고 빠르게 생산성을 얻고 싶은 사람

그럼 1장 "정규 표현식 소개"를 펴고 작업에 착수하세요. 순식간에 정규 표현식을 다루는 능력이 향상되고, 정규 표현식 없이 어떻게 살아왔는지 궁금해질 것입니다.

1장

정규 표현식 소개

이 장에서는 정규 표현식이 무엇인지, 정규 표현식으로 무엇을 할 수 있는지 알아본다.

왜 필요한가?

정규 표현식(regular expression, 줄여서 **정규식**(regex)이라고도 한다)은 도구다. 그리고 다른 도구들과 마찬가지로 특정한 문제를 해결할 목적으로 만들어졌다. 정규 표현식의 의미와 역할을 이해하는 데 가장 좋은 방법은 정규 표현식으로 해결할 수 있는 문제들을 알아보는 것이다.

다음과 같은 상황을 상상해 보자.

- 대소문자를 구별하지 않고 car라는 텍스트가 포함된 파일을 찾는데, 단어 중간에 car가 들어 있는 경우는 제외하고 싶다(예를 들어 scar, carry, incarcerate).

- 애플리케이션 서버를 사용하여 웹 페이지를 동적으로 생성하고 있는데, 데이터베이스에서 뽑아낸 텍스트를 웹 페이지에 출력하고자 한다. 텍스트에 URL이 포함될 경우, 생성된 페이지에서 그 URL을 클릭할 수 있게 하고 싶다(즉, 단순히 텍스트를 만들어 내는 게 아니라 <a href></a>처럼 유효한 HTML을 생성해야 한다).

- 입력 폼이 있는 웹 페이지를 만들려고 하는데, 입력 폼에는 이메일 주소가 포함된 사용자 정보를 넣어야 한다. 이때 입력된 이메일 주소가 형식에 맞게 작성되었는지 확인하고 싶다.
- 소스코드를 수정하다가 size라는 글자를 모두 iSize로 치환하고자 한다. 하지만 다른 단어 사이에 size라는 철자가 포함된 경우는 제외하고 오직 size라는 단어만 치환하고 싶다.
- 컴퓨터 파일 시스템에 존재하는 파일 목록을 모두 보다가 Application이라는 텍스트가 포함된 파일들만 볼 수 있도록 걸러 내고 싶다.
- 애플리케이션에 자료를 넣고 있다. 자료는 탭 문자로 구분되어 있고, 이 애플리케이션은 CSV 형식의 파일(한 줄이 행이고 값이 콤마로 구분되었는데, 각 값들이 따옴표로 싸여 있기도 함)을 지원한다.
- 파일의 특정 위치에서 원하는 텍스트를 찾고자 한다(특정 위치란 각 줄의 시작 부분일 수도 있고, 문장의 끝일 수도 있다).

이 상황은 모두 각각 독특한 프로그래밍 도전 과제들이다. 그리고 조건절 처리와 문자열 조작을 지원하는 언어라면 모두 이런 상황을 해결할 수 있다. 하지만 조건절 처리와 문자열 조작만으로 문제를 해결하려면 얼마나 복잡할까? 단어나 문자 단위로 한 번에 하나씩 조건을 반복하면서 모든 상황을 다루는 조건문을 수행하고 각 단계를 수행하면서 발견한 사실들을 기록해 따라가야 하고, 공백이나 특수문자들도 확인해야 하는 등 복잡한 작업들을 거쳐야 한다. 게다가 이 작업은 모두 수동으로 해야 할 것이다.

또는 정규 표현식을 사용할 수도 있을 것이다. 앞서 소개한 문제들은 잘 작성된 구문(statement)을 사용하여 해결할 수 있다. 텍스트와 특수 지시어들로 구성된 함축적인 문자열인 이 구문은 예를 들면 다음과 같다.

```
\b[Cc][Aa][Rr]\b
```

앞의 문자열이 이해되지 않는다고 해도 걱정하지 말라. 이제 곧 알게 될 테니.

정규 표현식은 어떻게 사용하는가?

문제 상황을 다시 한번 살펴보면 두 가지 유형으로 나뉘는 것을 눈치챌 수 있을 것이다. 원하는 정보가 어디에 있는지 찾거나(검색), 정보를 찾은 뒤에 편집(치환)하는 것이다. 사실 아주 단순하게 이야기하면, 정규 표현식을 사용하는 이유는 검색과 치환이 전부다. 모든 정규 표현식은 일치하는 텍스트를 찾거나(검색 수행) 텍스트를 찾은 뒤에 그것을 원하는 텍스트로 치환한다(치환 수행).

정규 표현식으로 검색하기

앞서 설명한 상황에서 car를 찾는 경우처럼, 정규 표현식 검색은 찾고자 하는 텍스트가 매우 가변적일 때 사용한다. 우선 car나 CAR 혹은 Car, 심지어 CaR와 같은 텍스트를 찾을 때 쓴다. 이런 검색은 간단한 편이다 (정규 표현식을 사용하지 않더라도, 많은 검색 도구가 대소문자를 구별하지 않는 검색 기능을 제공한다). 좀 더 까다롭게 검색할 때는 scar, carry, incarcerate 같은 글자를 제외시킬 수 있다. 한층 정교한 편집기에는 '전체 단어가 일치할 때만 찾기' 기능도 있지만, 대부분은 이런 기능을 제공하지 않는다. 게다가 이런 작업이 반드시 문서를 편집할 때만 필요한 것도 아니다. 단순히 car라는 텍스트로 검색하는 대신 정규 표현식을 사용하면 이런 문제를 해결할 수 있다.

어떻게 해결하는지 알고 싶은가? 여러분은 이미 해결책을 알고 있다. 앞서 보았던 예제 구문 \b[Cc][Aa][Rr]\b가 바로 그것이다.

동등성 검사(예를 들어 사용자가 제시한 이메일 주소가 이메일 수소를 상징하는 정규 표현식과 일치하는가?)가 결국 검색 작업이라는 점은 주목할 만하다. 사용자가 제시한 전체 문자열이 정규 표현식과 일치하는

지를 찾는 검색이다(일반적인 검색에서 쓰는 방법인 부분 문자열 검색
과는 다르다).[1]

정규 표현식으로 치환하기

정규 표현식 검색은 굉장히 강력하고, 매우 유용하며, 배우기도 쉽다.
앞으로 배울 여러 장에 걸친 설명과 예제에서는 대부분 검색(match)을
살펴볼 것이다. 하지만 정규 표현식의 진가는, 앞서 설명한 상황에서 단
순한 URL 주소를 클릭 가능한 URL로 바꾸는 경우처럼, 치환(relpace)
을 수행할 때 나타난다. 우선 텍스트에 있는 URL을 찾아야 한다(대부분
http://나 https://로 시작하고 점이나 콤마, 공백 문자로 끝나는 문자
열을 검색할 것이다). 그 후에는 찾은 URL이 두 번 삽입된 HTML 문자
열로 치환해야 한다. 다음 URL을 보자.

```
http://www.forta.com/
```

위 URL을 아래와 같이 치환한다.

```
<a href="http://www.forta.com">http://www.forta.com/</a>
```

혹은 텍스트가 완전한 URL이 아니고 단순 주소만 다음과 같이 나와있
다 해도

```
www.forta.com
```

아래와 같이 치환해야 할 것이다.

```
<a href="http://www.forta.com">http://www.forta.com/</a>
```

대다수 애플리케이션에서 제공하는 검색과 치환 옵션에서는 치환을 이
렇게 처리할 수 없다. 하지만 정규 표현식에서는 믿을 수 없을 정도로
간단하다.

---

1 (옮긴이) 여기서 말하는 일반적인 검색은, 전체 문장에서 일부만 일치해도 찾아주는 것을 의미한다.
   부분 문자열 검색으로는 car만 찾고 싶어도 scar, carry, incarcerate 같은 단어도 함께 검색된다.

그래서 정확히 정규 표현식이란 무엇인가?

정규 표현식을 어떤 상황에서 사용하는지 알았으니, 이제는 정규 표현식의 정의를 알 차례다. 쉽게 말하면, **정규 표현식**은 텍스트를 찾고 조작하는 데 쓰는 문자열이다. 정규 표현식은 정규 표현 언어를 사용해 만든다. 이 특화된 언어는 우리가 지금껏 논의했던 것 이상으로 많은 상황을 다룰 수 있도록 설계되었다. 다른 프로그래밍 언어와 마찬가지로, 정규 표현식에는 자신만의 특별한 구문과 명령어가 있는데, 앞으로 이것들을 알아갈 것이다.

정규 표현 언어는 완전한 프로그래밍 언어가 아니다. 심지어 여러분이 실제로 설치해 쓰는 프로그램이나 유틸리티도 아니다. 오히려 정규 표현식은 다른 프로그래밍 언어나 제품에 포함된 '작은 언어(mini language)'[2]일 때가 많다. 좋은 소식은 최근 쓸만한 프로그래밍 언어나 도구들이 대부분 정규 표현식을 지원한다는 것이다. 나쁜 소식은 정규 표현 언어 자체는 여러분이 쓰는 다른 프로그래밍 언어나 도구처럼 보이지 않는다는 것이다. 정규 표현 언어는 그 자체가 언어이지만 대다수 언어처럼 직관적이거나 분명하지는 않다.

 정규 표현식은 1950년대 수학 분야 연구에서 유래되었다. 수년이 지난 후 이 연구에서 파생된 원리와 아이디어는 유닉스 세계에서 펄(Perl) 언어와 grep 같은 유틸리티로 뻗어 나갔다. 여러 해 동안 (1쪽에서 설명한 상황에서 사용하는) 정규 표현식은 유닉스 공동체만의 독점 영역이었다. 하지만 많은 것이 변했고, 현재 모든 컴퓨팅 환경에서 정규 표현식을 여러 형태로 지원하고 있다.

실제 정규 표현식이 어떤 모습인지 확인해 보자. 다음에 나오는 것들은 모두 사용 가능한 정규 표현식이다(조만간 익숙해질 구문들이다).

- Ben
- .

---

2   (옮긴이) 프로그래밍 언어의 요소를 모두 가지고 있지는 않으면서 특수한 목적으로만 사용하는 언어를 말한다. 단순한 언어를 칭하기도 한다.

- `www\.forta\.com`
- `[a-zA-Z0-9_.]*`
- `<[Hh]1>.*</[Hh]1>`
- `\r\n\r\n`
- `\d{3,3}-\d{3,3}-d{4,4}`

정규 표현식을 통달하는 과정에서 구문을 익히는 것은 가장 쉬운 부분임을 알고 있어야 한다. 진정한 도전 과제는 그 구문을 어떻게 적용할 것인지, 주어진 문제를 어떻게 분해해야 정규 표현식으로 해결할 수 있는지 익히는 것이다. 이런 것은 단순히 책만 읽어서는 익힐 수 없다. 다른 모든 언어와 마찬가지로 연습을 통해서만 숙달할 수 있다.

정규 표현식 사용하기

앞서 말했듯이, 정규 표현식 프로그램이라는 것은 없다. 정규 표현식은 애플리케이션도 아니고, 구입하거나 내려받아야 할 소프트웨어도 아니다. 다만 여러 소프트웨어 제품과 프로그래밍 언어, 유틸리티와 개발 환경에서 정규 표현식이 실행될 뿐이다.

정규 표현식의 사용법과 정규 표현식 기능을 표현하는 방법은 애플리케이션마다 다르다. 어떤 애플리케이션에서는 정규 표현식을 적용할 때 메뉴 옵션과 대화 상자를 사용하기도 하고, 어떤 프로그래밍 언어는 정규 표현식 기능이 있는 객체의 함수나 클래스를 이용하기도 한다.

게다가 정규 표현식이 구현되는 방법들이 다를 때도 있고, 구문이나 기능에 사소한(사소하지 않은 경우도 있다) 차이점들이 존재하기도 한다.

부록 A "많이 쓰는 애플리케이션과 언어에서 활용하는 정규 표현식"에서는 정규 표현식을 지원하는 다양한 애플리케이션과 프로그래밍 언어에서 지원하는 정규 표현식, 그리고 각 환경에서 사용하는 구체적인 방법과 주의 사항을 알려 준다. 정규 표현식을 사용하려는 애플리케이션이나 프로그래밍 언어에 대한 특별한 사항을 알고 싶다면 다음 장으로 넘어가기 전에 부록을 먼저 읽어보기 바란다.

더 빨리 시작하고 싶은 사람을 위해, 온라인 정규 표현식 테스트 도구
들을 아래의 웹 페이지에 소개해 두었다.

http://forta.com/books/0134757068/

이 온라인 도구들은 정규 표현식을 빠르고 간편하게 실험해 보는 데 굉
장히 유용할 것이다.

시작하기 전에

더 진행하기 전에 몇 가지 중요 사항들을 적어 두자.

- 정규 표현식을 사용하면, 문제를 해결하는 방법이 하나만은 아님을
  알게 될 것이다. 어떤 방식은 더 간단하고 어떤 방식은 더 빠를 것이
  며, 또 어떤 방식은 다른 환경에 이식하기 쉽고, 어떤 방식은 더 많은
  일을 수행할 수 있을 것이다. 정규 표현식을 사용하는 데 올바른 방
  법이나 틀린 방법은 거의 존재하지 않는다(물론 여러분이 작성한 정
  규 표현식이 제대로 동작한다는 것을 전제로 한다).
- 앞서 이야기했듯이, 정규 표현식은 구현에 따라 차이가 있다. 이 책
  에서 사용한 예제와 가르치는 내용은 주요 구현상에서 최대한 많이
  동작하도록 했고, 차이점이나 호환되지 않는 부분은 따로 기술해 놓
  았다.
- 다른 프로그래밍 언어와 마찬가지로 정규 표현식 학습의 열쇠는 연
  습하고, 연습하고, 또 연습하는 것이다.

 이 책에 나오는 예제들을 모두 직접 실행해 보기를 강력히 권한다.

요약

정규 표현식은 텍스트를 조작하는 가장 강력한 도구 중 하나다. 정규 표

현 언어는 정규 표현식을 구성하는 데 쓰인다(이렇게 구성된 실제 문자
열을 **정규 표현식**이라고 부른다). 그리고 정규 표현식은 검색과 치환에
모두 사용된다.

2장

문자 하나 찾기

이 장에서는 한 개 혹은 그 이상의 문자를 사용해 간단한 문자 검색을 어떻게 하는지 배워 본다.

문자 그대로 찾기

Ben은 정규 표현식이다. 평범한 텍스트여서 정규 표현식처럼 보이지 않을지 몰라도 확실히 정규 표현식이다. 평범한 텍스트도 정규 표현식이 될 수 있다(심지어 평범한 텍스트로만 이루어질 때도 있다). 솔직히 처리 과정을 보면 평범한 텍스트만으로 이루어진 정규 표현식은 완전히 낭비라고 할 수 있지만, 일단 정규 표현식을 처음 알아가기에는 좋다.

자, 그럼 시작해 보자.

예문

```
Hello, my name is Ben. Please visit
my website at http://www.forta.com/.
```

정규 표현식

```
Ben
```

결과

```
Hello, my name is Ben. Please visit
my website at http://www.forta.com/.
```

분석

지금 사용한 정규 표현식은 텍스트만으로 구성되었고 예문에 있는 Ben과 일치하였다.

 예제에서 일치하는 텍스트에 음영 처리가 되어있다. 이 표기법은 책 전반에 걸쳐 사용되며, 어떤 표현이 일치하는지 한눈에 알 수 있다.

다음 예제에서는 같은 텍스트에서 정규 표현식을 달리해 검색해 보았다.

예문

```
Hello, my name is Ben. Please visit
my website at http://www.forta.com/.
```

정규 표현식

```
my
```

결과

```
Hello, my name is Ben. Please visit
my website at http://www.forta.com/.
```

분석

my도 Ben과 마찬가지로 정적 텍스트(static text)지만, 이번에는 예문에서 my가 두 개 일치하는 상황이 발생했음에 주목하자.

얼마나 많이 일치하는가?

대다수 정규 표현식 엔진은 기본으로 가장 처음 일치한 텍스트를 반환한다. 앞선 예제의 경우, 보통 첫 번째 my만 일치(match)하고 두 번째 my는 일치하지 않았을 것이다.

그럼 왜 두 개가 일치된 것일까? 대다수 정규 표현식 구현에서는 일치하는 목록을 모두 얻을 수 있다(대개 배열이나 다른 특별한 형태로 반환된다). 예를 들어 자바스크립트에서는 일치된 결과물을 모두 담은 배열을 반환하고자 할 때, g(global: 전역) 플래그를 사용한다.

 부록 A "많이 쓰는 애플리케이션과 프로그래밍 언어에서 활용하는 정규 표현식"을 참고하면, 여러분이 쓰는 언어나 도구에서 어떻게 전체 찾기를 수행하는지 알 수 있다.

대소문자 다루기

정규 표현식에서는 대소문자를 구별하기 때문에 Ben은 ben과 일치하지 않는다고 인식한다. 하지만 대다수 정규 표현식 구현에는 대소문자 구별을 무시하는 기능이 있다. 예를 들어 자바스크립트 사용자들은 i 플래그를 사용해 대소문자 구별을 무시하고 검색할 수 있다.

 부록 A를 참고하면 여러분이 사용하는 언어나 도구에서 대소문자 구별을 어떻게 무시하는지 알 수 있다.

모든 문자 찾기

지금까지는 정규 표현식으로 정적 텍스트만을 찾았다(사실 다소 시시했다). 다음에는 모르는 문자까지 찾는 법을 알아본다.

정규 표현식에서는 특별한 문자들(혹은 문자 집합)을 써 무엇을 검색할지 결정한다. 마침표(.) 문자는 아무 문자 하나와 일치한다.

따라서 c.t를 검색하면 cat과 cot를 비롯해 무수히 많은 단어들과 일치한다.

다음 예제를 보자.

예문

```
sales1.xls
orders3.xls
sales2.xls
```

```
sales3.xls
apac1.xls
europe2.xls
na1.xls
na2.xls
sa1.xls
```

정규 표현식

```
sales.
```

결과

```
sales1.xls
orders3.xls
sales2.xls
sales3.xls
apac1.xls
europe2.xls
na1.xls
na2.xls
sa1.xls
```

분석

여기서 사용한 sales.라는 정규 표현식은 sales로 시작하고, sales 바로 뒤에 아무 문자가 하나 더 붙는 파일명을 모두 찾는다. 파일 9개 중에 3개가 이 패턴과 일치한다.

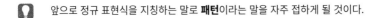 앞으로 정규 표현식을 지칭하는 말로 **패턴**이라는 말을 자주 접하게 될 것이다.

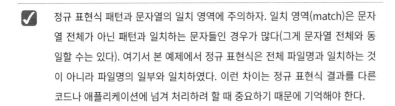 정규 표현식 패턴과 문자열의 일치 영역에 주의하자. 일치 영역(match)은 문자열 전체가 아닌 패턴과 일치하는 문자들인 경우가 많다(그게 문자열 전체와 동일할 수는 있다). 여기서 본 예제에서 정규 표현식은 전체 파일명과 일치하는 것이 아니라 파일명의 일부와 일치하였다. 이런 차이는 정규 표현식 결과를 다른 코드나 애플리케이션에 넘겨 처리하려 할 때 중요하기 때문에 기억해야 한다.

마침표(.)는 어떠한 문자나 알파벳, 숫자, 심지어는 문장 부호로 쓰인 마침표(.) 자체와도 일치한다.

예문

```
sales.xls
sales1.xls
orders3.xls
sales2.xls
sales3.xls
apac1.xls
europe2.xls
na1.xls
na2.xls
sa1.xls
```

정규 표현식

```
sales.
```

결과

```
sales.xls
sales1.xls
orders3.xls
sales2.xls
sales3.xls
apac1.xls
europe2.xls
na1.xls
na2.xls
sa1.xls
```

분석

이 예제에서는 sales.xls 파일이 추가되었다. 마침표(.) 문자는 어느 문자와도 일치하므로 이 파일 역시 sales. 패턴과 일치한다.

마침표(.) 여러 개를 동시에 사용할 수도 있다. 예를 들어 ..처럼 연속해 사용하면 어떤 문자든 붙어 있는 문자 두 개와 일치한다. 아니면 서로 다른 위치에 사용할 수도 있다.

예문을 동일하게 두고 다른 예를 살펴보자. 이번에는 뒤에 어떤 숫자가 오든지 관계없이 북아메리카(na)나 남아메리카(sa)와 관련된 파일을 찾아야 한다.

예문

```
sales1.xls
orders3.xls
sales2.xls
sales3.xls
apac1.xls
europe2.xls
na1.xls
na2.xls
sa1.xls
```

정규 표현식

```
.a.
```

결과

```
sales1.xls
orders3.xls
sales2.xls
sales3.xls
apac1.xls
europe2.xls
na1.xls
na2.xls
sa1.xls
```

분석

정규 표현식 .a.는 실제로 na1, na2, sa1을 검색하려던 것이지만, 생각지도 않았던 다른 네 문자열과도 일치하였다. 왜일까? 이 패턴에서 세 문자 중간에 a가 포함되기만 하면 어떠한 문자열과도 일치하도록 정규 표현식을 만들었기 때문이다.

.a. 다음에 바로 마침표가 따라오는 문자열과 일치시키려면 어떻게 해야 할까? 다른 방법으로 시도해 보자.

예문

```
sales1.xls
orders3.xls
sales2.xls
sales3.xls
apac1.xls
```

```
europe2.xls
na1.xls
na2.xls
sa1.xls
```

정규 표현식

```
.a..
```

결과

```
sales1.xls
orders3.xls
sales2.xls
sales3.xls
apac1.xls
europe2.xls
na1.xls
na2.xls
sa1.xls
```

분석

.a..도 .a.와 다르지 않다. 우리는 마지막에 마침표가 붙은 글자를 일치시키고 싶었던 것인데, 문자가 하나 더 붙은 텍스트를 찾았다. 어떻게 해야 마침표를 의미하는 마침표(.) 문자만 검색할 수 있을까?

특수문자 찾기

마침표(.)는 정규 표현식에서 특별한 의미가 있다. 따라서 여러분이 마침표(.)를 찾으려 한다면, 정규 표현식에게 특별한 의미의 마침표(.)가 아니라 진짜 마침표(.)를 찾고 싶다고 알려 줘야 한다. 그러려면 마침표(.) 앞에 역슬래시(\) 문자를 붙이면 된다. 역슬래시(\)는 **메타 문자**(일반적으로 문자 그대로 사용되지 않고 특별한 의미를 지니는 문자를 칭한다)다. 따라서 마침표(.)는 모든 문자와 일치하지만, \.는 마침표(.) 문자 자체와 일치한다는 의미다.

그럼 이번에는 마침표(.)를 \.로 바꿔서 다시 한번 앞서의 예제에 적용해 보자.

예문

```
sales1.xls
orders3.xls
sales2.xls
sales3.xls
apac1.xls
europe2.xls
na1.xls
na2.xls
sa1.xls
```

정규 표현식

```
.a.\.
```

결과

```
sales1.xls
orders3.xls
sales2.xls
sales3.xls
apac1.xls
europe2.xls
na1.xls
na2.xls
sa1.xls
```

분석

.a.\.로 해결되었다. 첫 번째 마침표(.)는 n(검색 결과에서 첫 번째와 두 번째) 혹은 s(검색 결과에서 세 번째)와 일치하였다. 두 번째 마침표(.)는 1(검색 결과에서 첫 번째와 세 번째) 혹은 2(검색 결과에서 두 번째)와 일치하였으며, \.는 파일명과 확장자를 구분하는 마침표(.)와 일치하였다.

더 확장시켜서 생각해 보자. xls를 패턴에 추가하여 sa3.doc과 같은 파일명과 일치하는 상황을 방지할 수 있다.

예문

```
sales1.xls
orders3.xls
sales2.xls
sales3.xls
```

```
apac1.xls
europe2.xls
na1.xls
na2.xls
sa1.xls
```

정규 표현식

```
.a.\.xls
```

결과

```
sales1.xls
orders3.xls
sales2.xls
sales3.xls
apac1.xls
europe2.xls
na1.xls
na2.xls
sa1.xls
```

분석

.a.\.xls로 해결되었다. 첫 번째 마침표(.)는 n(검색 결과에서 첫 번째와 두 번째) 혹은 s(검색 결과에서 세 번째)와 일치하였다. 두 번째 마침표(.)는 1(검색 결과에서 첫 번째와 세 번째) 혹은 2(검색 결과에서 두 번째)와 일치하였다. 그리고 \.는 파일명과 확장자를 구분하는 마침표(.)와 일치하였고, 마지막으로 xls는 문자 그대로 일치하였다. 사실 xls가 없어도 원하는 결과가 나왔을 테지만, 뒤에 xls를 붙여 sa3.doc 같은 파일명과 일치하는 경우를 막을 수 있었다.

정규 표현식에서 역슬래시(\) 문자는 주로 특별한 의미를 지니는 문자의 맨 앞에 표시한다(이런 문자는 한 글자 이상인 경우도 있다). 지금은 \.를 살펴봤지만, 앞으로 여러 예제를 통해 역슬래시(\) 문자를 사용하는 법을 더 많이 접하게 될 것이다.

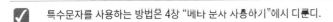 특수문자를 사용하는 방법은 4장 "메타 분사 사용하기"에서 디룬디.

✓ 역슬래시(\) 자체를 찾고 싶을 수도 있다. 이때는 \\라고 쓴다.

마침표(.)는 정말 모든 문자와 일치하는 걸까? 일치하지 않을 수도 있다. 하지만 대다수 정규 표현식 구현에서 마침표(.)는 줄바꿈(newline) 문자를 제외한 모든 문자와 일치한다.

요약

정규 표현식 혹은 패턴은 문자들로 이루어진 문자열이다. 이러한 문자들은 그냥 의미 그대로의 문자(text)일 수도 있고 메타 문자(특별한 의미를 지닌 특수문자)일 수도 있다. 이 장에서 여러분은 문자 그대로 찾는 법과 메타 문자를 사용해서 문자 하나를 일치시키는 법을 배웠다. 마침표(.)는 어떤 문자와도 일치한다. 역슬래시(\)는 문자들이 문자 그대로 해석되게 하며(이스케이프), 특수한 문자 시퀀스를 시작하는 데 사용된다.

3장

문자 집합으로 찾기

이 장에서는 문자 집합을 어떻게 사용하는지 알아본다. 2장에서는 어떤 문자와도 일치하는 마침표(.) 문자를 배웠는데, 이와 달리 문자 집합을 사용하면 특정 문자들과 문자 범위를 일치시킬 수 있다.

여러 문자 중 하나와 일치시키기

2장에서 배웠듯이, 마침표(.)는 어떤 문자든지 문자 하나와 일치한다. 2장 마지막 예제에서 na와 sa를 찾고자 .a 패턴을 사용했다. 하지만 만약 캐나다 판매 정보를 알려 주는 파일 가운데 이름이 ca1.xls인 것도 있는데, 여전히 na와 sa만을 찾고 싶을 때는 어떻게 할 것인가? ca1.xls라는 파일명도 패턴에 해당하므로 마침표(.)는 c와도 일치할 것이다.

예문

```
sales1.xls
orders3.xls
sales2.xls
sales3.xls
apac1.xls
europe2.xls
na1.xls
na2.xls
sa1.xls
ca1.xls
```

정규 표현식

```
.a.\.xls
```

결과

```
sales1.xls
orders3.xls
sales2.xls
sales3.xls
apac1.xls
europe2.xls
na1.xls
na2.xls
sa1.xls
ca1.xls
```

모든 문자가 아니라 n이나 s와 일치하는 파일명만 찾고 싶을 때 정규 표
현식에서는 메타 문자인 대괄호([])를 사용해 문자 집합을 표현한다. 대
괄호([])는 문자 집합을 정의한다. 대괄호([]) 안에 있는 문자는 모두 집
합의 구성원이 되며, 집합에 속한 문자 가운데 하나가 일치한다. 집합에
속한 문자가 모두 일치할 필요는 없다.

2장 예제에 나왔던 정규 표현식을 수정해 보았다.

예문

```
sales1.xls
orders3.xls
sales2.xls
sales3.xls
apac1.xls
europe2.xls
na1.xls
na2.xls
sa1.xls
ca1.xls
```

정규 표현식

```
[ns]a.\.xls
```

결과

```
sales1.xls
orders3.xls
sales2.xls
sales3.xls
apac1.xls
europe2.xls
na1.xls
na2.xls
sa1.xls
ca1.xls
```

분석

정규 표현식이 [ns]로 시작한다. 이 패턴은 n이나 s 중 한 문자와 일치하며, c나 다른 문자와는 일치하지 않는다. 대괄호([])는 집합을 의미하므로 대괄호 자체는 어떤 문자와도 일치하지 않는다. 문자 a는 a와 일치하고 마침표(.)는 모든 문자와 일치한다. \.는 마침표(.)와 일치하고 xls는 문자 그대로 xls와 일치한다. 이 패턴을 쓰면 찾으려던 세 파일명만 찾을 수 있다.

 실제로 이런 상황에서 [ns]a.\.xls도 정답은 아니다. 만약 파일명 가운데 usa1.xls가 있다면, 이 파일명 역시 정규 표현식과 일치하기 때문이다. 이 문제를 해결하려면 위치도 지정해서 찾아야 하는데, 이와 관련된 내용은 6장 "위치 찾기"에서 다룬다.

 앞서 보았듯이, 정규 표현식이 제대로 동작하는지 알아보는 일은 까다로울 수 있다. 얻고자 하는 결과와 패턴이 일치하는지 확인하는 일은 매우 쉽지만, 진짜 도전 과제는 얻고 싶지 않은 결과도 일치하는지 확인하는 일이다.

문자 집합은 흔히 대소문자를 구별하지 않고 검색하거나 검색할 부분의 특정 영역만 대소문자를 구별하지 않을 때 사용한다. 다음 예제를 보자.

예문

```
The phrase "regular expression" is often
abbreviated as RegEx or regex.
```

정규 표현식

```
[Rr]eg[Ee]x
```

결과

The phrase "regular expression" is often
abbreviated as RegEx or regex.

분석

여기서 사용한 패턴에는 문자 집합이 두 개 있다. [Rr]은 R이나 r과 일치하고, [Ee]
는 E나 e와 일치한다. 이런 식으로 RegEx와 regex 둘 다 일치시킬 수 있다. 하지만
REGEX와는 일치하지 않는다.

 대소문자를 구별하지 않고 모든 문자를 찾아도 된다면, 이런 기술은 필요 없다.
이런 식의 검색은 부분적으로 대소문자를 구별하지 않을 때만 사용한다.

문자 집합 범위 사용하기

다시 파일 목록 예제로 돌아가 보자. 마지막으로 사용한 패턴 [ns]a.\.
xls에는 또 다른 문제가 있다. 만약 sam.xls라는 파일이 있다면 어떻게
할 것인가? 마침표(.)는 숫자뿐만 아니라 모든 문자와 일치하므로 sam.
xls라는 파일명과도 일치한다.

　문자 집합을 사용해 이 문제를 해결할 수 있다. 다음을 보자.

예문

```
sales1.xls
orders3.xls
sales2.xls
sales3.xls
apac1.xls
europe2.xls
sam.xls
na1.xls
na2.xls
sa1.xls
ca1.xls
```

정규 표현식

[ns]a[0123456789]\.xls

결과

sales1.xls
orders3.xls
sales2.xls
sales3.xls
apac1.xls
europe2.xls
sam.xls
na1.xls
na2.xls
sa1.xls
ca1.xls

분석

이번에 수정한 정규 표현식에서는 첫 글자가 n이나 s와 일치하고, 두 번째 글자는 a, 세 번째 글자는 숫자([0123456789]에 속한 숫자)와 일치한다. sam.xls는 일치하지 않았다는 점에 주의하자. m은 숫자 열 개 중 무엇과도 일치하지 않기 때문이다.

정규 표현식을 사용할 때, 여러분은 0부터 9, A부터 Z 같이 문자들의 범위를 지정하는 일이 자주 있음을 알게 될 것이다. 문자 범위를 단순하게 만들 때 정규 표현식에서는 특별한 메타 문자인 하이픈(–)을 제공한다.
　다음은 위와 같은 예제이지만 패턴에 범위를 지정했다.

예문

sales1.xls
orders3.xls
sales2.xls
sales3.xls
apac1.xls
europe2.xls
sam.xls
na1.xls
na2.xls
sa1.xls
ca1.xls

정규 표현식

```
[ns]a[0-9]\.xls
```

결과

```
sales1.xls
orders3.xls
sales2.xls
sales3.xls
apac1.xls
europe2.xls
sam.xls
na1.xls
na2.xls
sa1.xls
ca1.xls
```

분석

[0-9] 패턴은 [0123456789]와 같다. 따라서 결과도 앞서 본 예제와 같게 나온다.

범위를 단지 숫자에만 쓸 수 있는 것은 아니다. 다음과 같은 범위에도 모두 사용할 수 있다.

- A–Z는 A부터 Z 사이에 있는 모든 대문자와 일치한다.
- a–z는 a부터 z 사이에 있는 모든 소문자와 일치한다.
- A–F는 A부터 F 사이에 있는 대문자와 일치한다.
- A–z는 아스키(ASCII) 문자 A와 아스키 문자 z 사이에 있는 모든 문자와 일치한다(이 패턴은 사용하지 않도록 하자. Z와 a 사이에 속하는 아스키 문자 중에는 여는 대괄호([)와 캐럿(^) 같은 문자도 포함되기 때문이다).

아스키 문자 가운데 아무거나 두 개를 선택해 한 범위의 시작과 마지막을 표시할 수 있지만, 실제 사용할 때는 숫자 전체를 범위로 정하기도 하고, 일부만 정하기도 한다. 마찬가지로 영문자(alphabetic)도 일부만 범위로 지정하기도 하고 전체를 지정하기도 한다.

범위를 지정할 때는 두 값 중 더 큰 값이 앞에 나오면 안 된다. 예를 들어 [3-1]
처럼 말이다. 이렇게 하면 동작하지 않는다. 또한 패턴 자체가 동작하지 않을 수
도 있다.

하이픈(-)은 대괄호([]) 안에서만 메타 문자인 특수한 메타 문자다. 집합 밖에서
하이픈(-)은 단순히 문자 그대로 하이픈(-)과 일치한다. 그래서 집합 밖에서는
하이픈(-) 문자에 굳이 역슬래시(\)를 붙일 필요가 없다.

범위 여러 개를 집합 하나에 합칠 수 있다. 예를 들어 다음 패턴은 대소
문자를 포함해서 모든 영숫자 문자와 일치하며, 숫자와 문자가 아닌 경
우는 일치하지 않는다.

[A-Za-z0-9]

이 패턴을 펼치면 다음과 같다.

[ABCDEFGHIJKLMNOPQRSTUVWXYZabcdefghijklmnopqrstuvwxyz0123456789]

보다시피 범위를 지정하면 정규 표현식이 더 깔끔해진다.

한 가지 예를 더 들 텐데, 이번에는 RGB 값(빨간색, 초록색, 파란색 정
도에 따라 16진수로 색을 표시하는 방법)을 찾아볼 것이다. 웹 페이지에
서 RGB 값은 #000000(검정), #FFFFFF(하양), #FF0000(빨강) 등으로 나타
낸다. RGB 값은 대문자와 소문자를 가리지 않는다. 따라서 #FF00ff(자
홍)도 맞는 표기다.

다음 예제를 보자.

예문

```
body {
    background-color: #fefbd8;
}
h1 {
    background-color: #0000ff;
}
div {
```

```
    background-color: #d0f4e6;
}
span {
    background-color: #f08970;
}
```

정규 표현식

```
#[0-9A-Fa-f][0-9A-Fa-f][0-9A-Fa-f][0-9A-Fa-f][0-9A-Fa-f][0-9A-Fa-f]
```

결과

```
body {
    background-color: #fefbd8;
}
h1 {
    background-color: #0000ff;
}
div {
    background-color: #d0f4e6;
}
span {
    background-color: #f08970;
}
```

분석

여기서 사용한 패턴에서는 샵(#) 문자가 문자 그대로 일치하고 [0-9A-Fa-f] 문자 집합이 여섯 번 반복된다. 이 패턴은 샵(#) 문자와 그 뒤로 이어지는 문자 집합 여섯 개가 예문과 일치하는데, 이 문자들은 숫자나 A와 F 사이의 문자이며, 대소문자는 구별하지 않는다.

'제외하고' 찾기

문자 집합은 일반적으로 찾고 싶은 문자의 목록을 정하는 데 쓰지만, 찾을 때 제외하고 싶은 문자 목록을 정할 때도 쓸 수 있다. 다른 말로, '여기서 지정한 목록을 제외하기'라고 할 수 있다.

몇 개만 빼고 대부분의 문자를 포함해야 할 경우에는 패턴이 너무 길어지므로 원하는 문자를 모두 나열하기보다는 캐럿(^) 문자를 써 제외할 문자 집합을 지정한다. 다음 예제를 보자.

예문

```
sales1.xls
orders3.xls
sales2.xls
sales3.xls
apac1.xls
europe2.xls
sam.xls
na1.xls
na2.xls
sa1.xls
ca1.xls
```

정규 표현식

```
[ns]a[^0-9]\.xls
```

결과

```
sales1.xls
orders3.xls
sales2.xls
sales3.xls
apac1.xls
europe2.xls
sam.xls
na1.xls
na2.xls
sa1.xls
ca1.xls
```

분석

이 예제에서는 바로 앞에 썼던 것과 정반대 패턴을 사용했다. [0-9]는 모든 숫자와 일치한다(또 오직 숫자하고만 일치한다). [^0-9]는 정해진 범위 내에 있는 숫자와 일치하지 않는다. 즉, [ns]a[^0-9]\.xls는 na1.xls, na2.xls, sa1.xls와는 일치하지 않고, sam.xls와 일치한다.

 캐럿(^) 문자는 이 문자 바로 뒤에 있는 문자나 범위뿐만 아니라 집합 안에 있는 문자나 범위를 모두 세외한다.

요약

메타 문자인 여는 대괄호([)와 닫는 대괄호(])는 문자 집합을 정의하는데, 그 집합 구성원 중에 한 문자라도 일치해야 한다(AND가 아닌 OR다). 문자 집합은 문자를 일일이 열거하거나 하이픈(-) 문자를 사용해 범위를 설정할 수 있다. 또 캐럿(^) 문자는 지정한 문자들을 제외한 어떤 것들과 일치시킨다.

4장

메타 문자 사용하기

2장 "문자 하나 찾기"에서 이미 메타 문자를 살펴보았다. 4장에서는 특별한 문자나 문자 형(type)과 일치하는 메타 문자를 더 알아볼 것이다.

이스케이프 다시 살펴보기

메타 문자의 세계로 더 깊이 들어가기 전에 이스케이프(escape)에 대해 이해해야 한다.

메타 문자는 정규 표현식 안에서 특별한 의미가 있다. 마침표(.)는 메타 문자로, 어떤 문자든 문자 하나와 일치한다(2장에서 설명했다). 이와 유사하게, 여는 대괄호([)도 집합의 시작을 나타내는 메타 문자다(3장 "문자 집합으로 찾기"에서 설명했다).

메타 문자들은 정규 표현식에서 특별한 의미가 있으므로 자기 자신을 문자 그대로 표현할 수 없다. 여는 대괄호([)가 여는 대괄호([)와 일치하지 않고, 마침표(.)가 마침표(.)와 일치하지 않는다는 뜻이다.

다음 예제를 보자. 이 정규 표현식에서는 여는 대괄호([)와 닫는 대괄호(])를 포함하는 자바스크립트 배열을 찾으려 한다.

예문

```
var myArray = new Array();
...
if (myArray[0] == 0) {
...
}
```

정규 표현식

```
myArray[0]
```

결과

```
var myArray = new Array();
...
if (myArray[0] ==  0) {
...
}
```

분석

예제에서 예문 영역은 자바스크립트 코드의 일부다. 정규 표현식은 여러분이 문서 편집기에서 사용할 법한 형태로 입력했다. myArray[0]과 일치하리라 생각했겠지만, 일치하지 않았다. 왜 그럴까? 대괄호([])는 정규 표현식 안에서 집합을 정의하는 정규 표현 메타 문자로, 문자 그대로 여는 대괄호([)와 닫는 대괄호(])를 의미하지 않기 때문이다. 따라서 myArray[0]은 myArray 문자열과 일치하고 동시에 집합에 속한 구성원 중 한 문자와도 일치할 것이다. 여기서는 0이 집합의 유일한 구성원이므로 정규 표현식 myArray[0]은 myArray0과 일치한다.

2장에서 설명했듯이, 메타 문자는 그 앞에 역슬래시를 붙여 문자 그대로 해석되게(이스케이프) 할 수 있다. 즉 \.는 마침표(.)와 일치하고 \[는 여는 대괄호([)와 일치한다. 메타 문자는 모두 이스케이프 할 수 있는데, 그러면 메타 문자로서 지니는 특별한 의미 대신 문자 자체를 뜻하게 된다. 실제 여는 대괄호([)와 닫는 대괄호(])와 일치하려면 이 문자들을 이스케이프 해야 한다. 다음 예제를 보자. 이번에는 메타 문자들을 이스케이프 했다.

예문

```
var myArray = new Array();
...
if (myArray[0] == 0) {
...
}
```

정규 표현식

```
myArray\[0\]
```

결과

```
var myArray = new Array();
...
if (myArray[0] == 0) {
...
}
```

분석

이번에는 제대로 검색되었다. \[는 여는 대괄호([)와 일치하고, \]는 닫는 대괄호
(])와 일치한다. 따라서 myArray\[0\]은 myArray[0]과 일치했다.

이 예제에서 쓴 정규 표현식은 다소 불필요해 보인다. 단순한 텍스트 검
색만으로도 충분히 만족스러운 결과를 더 쉽게 얻을 수 있다. 하지만 단
순히 myArray[0]뿐만 아니라 myArray[1], myArray[2] 같은 배열도 찾으
려면 어떻게 해야 할지 상상해 보자. 이때는 정규 표현식을 사용하는 편
이 더 유용하다. 여는 대괄호([)와 닫는 대괄호(])는 이스케이프 하고
두 문자 사이에 원하는 문자들이 일치하도록 조건을 정하면 된다. 만약
배열 요소를 0부터 9까지 일치시키고 싶다면 다음과 같이 정규 표현식
을 작성할 수도 있다.

```
myArray\[[0-9]\]
```

 여기에 언급되지 않은 메타 문자도 모두 앞에 역슬래시(\)를 붙여 이스케이프
할 수 있다.

> ⚠️ 메타 문자 중 짝을 이루는 것(예를 들어 여는 대괄호([)와 닫는 대괄호(])) 중 하나만 사용할 때도 있을 텐데, 이 문자를 메타 문자로 쓰지 않는다면 반드시 이스케이프 해야 한다. 그렇지 않으면 정규 표현식 분석기가 에러를 일으킬 것이다.

역슬래시(\)는 메타 문자들을 이스케이프 하는 데 사용된다. 이 말은 역슬래시(\)도 메타 문자이며, 다른 메타 문자들을 이스케이프 하는 데 사용된다는 뜻이다. 2장에서 다루었듯이, 역슬래시(\) 문자 자체를 나타내고 싶으면 \\로 이스케이프 해야 한다.

다음에 나온 간단한 예제를 살펴보자. 윈도우에서 볼 수 있는 역슬래시(\)를 이용한 파일 경로다. 이 경로를 리눅스에서 사용한다는 가정하에 모든 역슬래시를 찾아 슬래시로 변경해 보자.

예문

```
\home\ben\sales\
```

정규 표현식

```
\\
```

결과

\home\ben\sales\

분석

\\는 역슬래시(\)와 일치하며 네 개가 일치했다. 정규 표현식에 역슬래시(\)만을 사용했다면, 아마 에러가 발생했을 것이다. 정규 표현식 분석기가 여러분이 정규 표현식을 다 작성하지 않았다고 판단하기 때문이다. 그러니 정규 표현식에서는 역슬래시(\) 뒤에 반드시 다른 문자를 함께 써넣어야 한다.

공백 문자 찾기

메타 문자는 일반적으로 두 가지 범주로 나뉜다. 마침표(.)처럼 텍스트와 일치하는 문자와 여는 대괄호([)나 닫는 대괄호(])처럼 정규 표현식 문법의 일부로 쓰는 문자다. 이제 공백 문자를 살펴보면서 두 가지 유형의 메타 문자들을 더 많이 접할 것이다. 우선 공백 메타 문자부터 시작해 보자.

정규 표현식 검색을 수행할 때, 여러분은 눈에 보이지 않지만 텍스트에 포함되는 공백 문자들을 찾아야 할 때가 있을 것이다. 예를 들어 탭 문자를 모두 찾거나 줄바꿈(line break) 문자를 찾고 싶을 수도 있다. 꼼수를 이용하지 않고[1] 이런 문자를 정규 표현식에 직접 써넣기는 어려우므로 표 4.1에 나온 것과 같은 특수한 메타 문자들을 사용할 수 있다.

메타 문자	설명
[\b]	백스페이스
\f	페이지 넘김(form feed)
\n	줄바꿈
\r	캐리지 리턴
\t	탭
\v	수직 탭

표 4.1 공백 메타 문자

다음 예제를 보자. 여기에 나오는 예문에는 콤마로 구분된(일반적으로 CSV라고 부른다) 레코드가 담겨 있다. 여러분은 데이터에 있는 빈 줄을 모두 제거한 다음, 이 레코드를 처리해야 한다.

예문

```
"101","Ben","Forta"
"102","Jim","James"

"103","Roberta","Robertson"
"104","Bob","Bobson"
```

정규 표현식

```
\r\n\r\n
```

---

1 (옮긴이) 텍스트 편집기에서 탭을 입력하고 복사해 정규 표현식에 삽입할 수 있다.

결과

```
"101","Ben","Forta""
"102","Jim","James"
```

```
"103","Roberta","Robertson"
"104","Bob","Bobson"
```

분석

\r\n은 줄바꿈과 캐리지 리턴의 조합과 일치한다. 윈도우에서 이 조합은 줄의 끝을 나타내는 데 사용된다. 따라서 \r\n\r\n을 검색하면, 줄 끝이 연속해서 두 번 나오는 부분과 일치하는데, 이때 줄의 끝이 두 번 나온다는 것은 바로 두 레코드 사이에 빈 줄이 있음을 의미한다.

> \r\n이 윈도우에서 줄의 끝을 나타내는 데 사용된다고 이야기했다. 하지만 유닉스와 리눅스 및 맥 OS X 시스템에서는 단순히 줄바꿈 문자만 사용한다. 그러니 이런 시스템에서는 \r은 제외하고 \n만 사용하고 싶을 것이다. 이상적인 정규 표현식에서는 \n이 필수고, \r은 경우에 따라 처리할 수 있어야 한다. 이 예제는 다음 장에서 한 번 더 다룬다.

공백 문자 가운데서는 \r, \n, \t(탭)을 가장 많이 쓰게 될 것이다. 나머지 공백 문자들은 그다지 자주 쓰지 않는다.

> 여러분은 지금 여러 메타 문자를 배우고 있다. 마침표(.)와 여는 대괄호([)는 이스케이프 하지 않으면 메타 문자지만, r과 n은 이스케이프 할 때만 메타 문자가 된다. 이스케이프 하지 않으면 문자 그대로 일치한다.

특정한 문자 형태와 일치시키기

지금까지 특정 문자, 모든 문자(마침표(.) 사용), 문자 집합 가운데 하나(대괄호([) 사용)를 어떻게 찾는지 알아보았고, 어떻게 문자를 제외하는지도(캐럿(^) 문자) 알아보았다. 문자 집합(집합 속에서 하나와 일치)은 검색에서 쓰는 가장 흔한 형태이기에, 자주 쓰는 문자 집합들은 특수한 메타 문자로 대신하기도 한다. 이런 메타 문자들을 **문자 클래스**

(classes of characters)라고 부른다. 직접 찾고 싶은 문자들을 열거하거나 범위를 사용하면 되기 때문에, 실제로 클래스 메타 문자를 써야만 하는 경우는 결코 없지만, 일단 사용해 보면 너무나도 유용함을 알게 될 것이다.

 다음은 거의 모든 정규 표현식 구현에서 기본으로 지원하는 클래스들이다.

숫자와 숫자가 아닌 문자 찾기

3장에서 배웠듯이, [0-9]는 [0123456789]를 줄인 표현이고 어떤 숫자와도 일치한다. 숫자를 제외한 문자를 찾으려면, [^0-9]처럼 제외하는 메타 문자를 사용한다. 표 4.2에 숫자와 숫자가 아닌 문자를 더 간단하게 표현하는 클래스가 있다.

메타 문자	설명
\d	숫자 하나([0-9]와 같다.)
\D	숫자를 제외한 문자 하나([^0-9]와 같다.)

표 4.2 숫자 메타 문자

앞서 썼던 예제를 수정하여 이 메타 문자를 어떻게 쓰는지 알아보자.

예문

```
var myArray = new Array();
...
if (myArray[0] == 0) {
...
}
```

정규 표현식

```
myArray\[\d\]
```

결과

```
var myArray = new Array();
...
if (myArray[0] == 0) {
...
}
```

분석

\[는 여는 대괄호([)와 일치하고, \d는 숫자 하나와 일치하고, \]는 닫는 대괄호(])와 일치하므로, myArray\[\d\]는 myArray[0]과 일치한다. 즉, myArray\[[0123456789]\]는 myArray\[[0-9]\]로, myArray\[[0-9]\]는 다시 myArray\[\d\]로 줄여서 표현한 것이다. 이 정규 표현식은 myArray[1], myArray[2] 같은 표현과도 일치한다. 하지만 myArray[10]과는 일치하지 않는다.

> 보다시피, 대개 정규 표현식 하나를 정의하는 데 여러 방법을 쓸 수 있다. 여러분이 편하게 여기는 문법을 선택해 사용하자.

> 정규 표현 문법은 대소문자를 구별한다. \d는 숫자 하나와 일치하고, \D는 \d와 뜻이 정반대다. 앞으로 실펴볼 클래스 메타 문사에서도 소문자와 대문자는 서로 반대임을 뜻한다.
> 대소문자를 구별하지 않고 검색을 수행할 때도 정규 표현식 문법은 대소문자를 구별한다. 찾으려는 텍스트는 대소문자를 구별하지 않고 텍스트를 찾더라도, \d 같은 특수한 문자는 대소문자를 구별한다.

영숫자 문자와 영숫자가 아닌 문자 찾기

자주 사용하는 문자 집합이 또 있다. 영숫자(alphanumeric) 문자로, 대문자와 소문자를 포함한 알파벳 A부터 Z, 숫자, 밑줄(대개 파일이나 디렉터리 이름, 애플리케이션 변수명, 데이터베이스 객체 이름 등에 사용한다)을 포함한다. 표 4.3에 영숫자 문자와 영숫자가 아닌 문자를 간단하게 표현한 클래스를 나열했다.

메타 문자	설명
\w	대소문자와 밑줄을 포함하는 모든 영숫자([a-zA-Z0-9_]와 같다.)
\W	영숫자나 밑줄이 아닌 모든 문자([^a-zA-Z0-9_]와 같다.)

표 4.3 영숫자 메타 문자

다음 예제는 미국과 캐나다의 우편번호 데이터베이스에서 발췌했다.

예문

```
11213
A1C2E3
48075
48237
M1B4F2
90046
H1H2H2
```

정규 표현식

```
\w\d\w\d\w\d
```

결과

```
11213
A1C2E3
48075
48237
M1B4F2
90046
H1H2H2
```

분석

여기서는 메타 문자 \w와 \d를 조합한 패턴을 사용했는데, 캐나다 우편번호만을 찾
아낸다.

이번 예제는 제대로 동작한다. 하지만 과연 정확할까? 잠시 생각해 보자. 왜 미국 우편번호는 찾지 못했을까? 단순히 숫자로만 이루어졌기 때문일까, 아니면 다른 이유가 있는 것일까?

이 책에서 답을 말해 주지는 않을 것이다. 글쎄, 일단 패턴대로 동작하기 때문인데, 여기서 중요한 점은 정규 표현식에 옳고 그름은 거의 없다는 것이다(물론 제대로 동작한다면 말이다). 대개 얼마나 엄격하게 패턴을 일치시킬지에 따라 패턴이 복잡해지는 정도가 달라질 뿐이다.

공백 문자와 공백이 아닌 문자 찾기

마지막으로 살펴볼 분류는 공백 클래스다. 이 장 초반에 특정 공백 문자를 나타내는 메타 문자를 배웠다. 표 4.4에 공백 문자를 모두 표현하는 클래스를 나열했다.

메타 문자	설명
\s	모든 공백 문자([\f\n\r\t\v]와 같다.)
\S	공백 문자가 아닌 모든 문자([^ \f\n\r\t\v]와 같다.)

표 4.4 공백 메타 문자

 \s나 \S에 백스페이스 메타 문자인 [\b]는 포함되지 않는다.

16진수나 8진수 표현하기

비록 여러분이 8진수나 16진수를 사용해 특정 문자를 검색할 일이 없다고 해도, 이 방법은 충분히 익혀 둘 가치가 있다.

16진수 사용하기

16진수 값은 앞에 \x를 붙여 표시한다. 즉, \x0A(아스키 문자 10)는 줄바꿈 문자가 되며 \n과 기능이 같다.

8진수 사용하기

8진수 값은 두 자리나 세 자리 정수 앞에 \0을 붙여 표시한다. 즉, \011(아스키 문자 9)은 탭 문자이며, \t와 기능이 같다.

 많은 정규 표현식 구현에서는 또한 \c 문자를 이용해 컨트롤 문자를 표현한다. 예를 들어 \cZ는 Ctrl-Z와 일치한다. 실제로는 거의 쓸 일이 없는 문법이다.

포직스 문자 클래스 사용하기

메타 문자와 여러 문자 집합을 줄여 쓰는 방법에 대한 설명에서 포직스 (POSIX)[2] 문자 클래스를 다루지 않을 수 없다. 포직스 문자 클래스는 줄여 쓰기를 나타내는 또 다른 형태인데, 전부는 아니지만 많은 정규 표현식 구현에서 지원한다.

 자바스크립트는 정규 표현식에서 포직스 문자 클래스를 지원하지 않는다.

---

2 (옮긴이) 이식 가능 운영체제 인터페이스(portable operating system interface) 또는 포직스 (POSIX, 파식스)는 서로 다른 유닉스 OS의 공통 API를 정리하여, 이식성이 높은 유닉스 응용 프로그램을 개발하려는 목적으로 IEEE가 책정한 애플리케이션 인터페이스 규격이다. *http:// ko.wikipedia.org/wiki/POSIX*를 참고하라.

분류	내용
[:alnum:]	모든 영숫자([a–zA–Z0–9]와 같다.)
[:alpha:]	모든 영문자([a–zA–Z]와 같다.)
[:blank:]	빈칸(space)이나 탭 문자([\t]와 같다.)
[:cntrl:]	아스키 제어 문자(아스키 0번부터 31번, 127번)
[:digit:]	모든 한 자리 숫자([0–9]와 같다.)
[:graph:]	[:print:]와 동일하나 빈칸(space)은 제외
[:lower:]	모든 소문자([a–z]와 같다.)
[:print:]	출력 가능한 모든 문자
[:punct:]	[:alnum:]이나 [:cntrl:]가 포함되지 않은 모든 문자
[:space:]	빈칸을 포함한 모든 공백 문자([\f\n\r\t\v]와 같다.)
[:upper:]	모든 대문자([A–Z]와 같다.)
[:xdigit:]	모든 16진수 숫자([a–fA–F0–9]와 같다.)

표 4.5 포직스 문자 클래스

포직스 문법은 지금까지 봐온 메다 문자와 사뭇 다르다. 앞서 제시한 예제로 포직스 클래스를 시험해 보자. HTML 코드에서 RGB 값을 찾을 때 사용한 예제다.

예문

```
body {
    background-color: #fefbd8;
}
h1 {
    background-color: #0000ff;
}
div {
    background-color: #d0f4e6;
}
span {
    background-color: #f08970;
}
```

정규 표현식

```
#[[:xdigit:]][[:xdigit:]][[:xdigit:]][[:xdigit:]][[:xdigit:]][[:xdigit:]]
```

결과

```
body {
    background-color: #fefbd8;
}
h1 {
    background-color: #0000ff;
}
div {
    background-color: #d0f4e6;
}
span {
    background-color: #f08970;
}
```

분석

앞서 사용한 패턴에서는 [0-9A-Fa-f]를 여섯 번 반복했었다. 여기서는 [0-9A-Fa-f] 대신 [[:xdigit:]]를 사용했는데, 결과는 똑같다.

 여기서 사용한 정규 표현식이 [[로 시작해서]](대괄호 두 쌍)로 끝남에 유의하자. 이는 포직스 클래스를 사용할 때 매우 중요하고 필수적이다. 포직스 클래스는 [:로 시작해 :]로 끝나기 때문에 우리가 사용하는 포직스 문법은 :xdigit: 이 아니라 [:xdigit:]이다. 따라서 바깥에 있는 대괄호([])는 집합을 정의하고, 안에 있는 대괄호([])는 포직스 클래스 자체를 나타내는 부분이다.

표 4.5에 나열된 포직스 클래스 12개는 일반적으로 포직스를 지원하는 모든 구현에서 동작한다. 하지만 앞서 설명한 것과 동작 방식에 사소한 차이가 있기도 하다.

요약

문자와 문자 집합으로 찾는 기본 내용은 2장과 3장에서 모두 배웠고, 이 장에서는 특정 문자(탭이나 줄바꿈 등)나 전체 집합 혹은 문자 클래스(숫자 하나나 영숫자 문자)와 일치하는 메타 문자를 소개했다. 이렇게 메타 문자와 포직스 클래스는 정규 표현식 패턴을 단순하게 만든다.

5장

반복 찾기

4장에서는 다양한 메타 문자와 특별한 클래스 집합을 사용해 개별 문자를 찾는 법을 배웠다. 이 장에서는 여러 번 반복해 나타나는 문자나 문자 집합을 어떻게 찾는지 알아보겠다.

몇 번 일치하는가?

여러분은 지금까지 정규 표현식 패턴이 어떻게 일치하는지에 대한 기초를 모두 배웠는데, 예제에는 모두 매우 심각한 한계가 하나 있었다. 예를 들어 이메일 주소와 일치하는 정규 표현식을 작성한다고 생각해 보자. 이메일 주소의 기본 형식은 다음과 같다.

`text@text.text`

4장에서 배운 메타 문자를 사용해 다음과 같은 정규 표현식을 만들 수도 있다.

`\w@\w\.\w`

\w 문자는 모든 영숫자 문자와 일치한다. 더불어 밑줄도 함께 찾는데, 밑줄 역시 이메일 주소에서 사용하는 문자다. 앳(@)은 이스케이프 하지

않아도 되지만, 마침표(.)는 이스케이프 해야 한다.

이 패턴은 문법에 완벽하게 맞는 정규 표현식이긴 하지만 전혀 쓸모 없는 편에 가깝다. 이 패턴으로는 a@b.c 같은 이메일 주소만 찾을 수 있기 때문이다. 문법은 맞지만, 분명히 유효한 메일 주소는 아니다. 문제는 \w는 문자 하나하고만 일치하는데, 얼마나 많은 문자를 검사해야 할지 모른다는 점이다. 다음 이메일 주소들은 모두 유효하지만, @ 문자 앞에 나온 문자 수는 서로 다르다.

```
b@forta.com
ben@forta.com
bforta@forta.com
```

이제 여러분은 문자를 여러 개 찾는 방법을 알아야 하는데, 많은 특수 메타 문자들 중 하나를 사용해 수행할 수 있다.

하나 이상의 문자 찾기

문자나 집합에 속한 요소(instance)를 하나 이상 찾으려면 간단히 문자 뒤에 더하기(+) 문자를 붙이면 된다. 더하기(+)는 분자가 하나 이상일 때 일치한다(최소한 하나와 일치하고, 없을 때는 일치하지 않는다). a가 a를 찾는 데 반해, a+는 하나 이상 연속된 a를 찾는다. 비슷하게 [0-9]는 자릿수가 하나인 숫자를 찾는 데 반해, [0-9]+는 한 자리 이상 연속된 숫자를 찾는다.

> 문자 집합에 더하기(+)를 사용할 때는, 더하기(+)를 집합 바깥에 두어야 한다. 즉 [0-9+]가 아니라 [0-9]+가 맞는 표현이다.
>
> 사실 [0-9+]가 틀린 정규 표현식은 아니지만, 하나 이상의 숫자와 일치하지는 않는다. 더 정확히 말하면 숫자 0부터 9와 더하기(+)로 집합을 정의한 것이고, 따라서 아무 한 자리 숫자나 더하기 기호와 일치하게 된다. 문법에는 맞지만, 원하는 결과는 아닐 것이다.

다시 이메일 주소 예제를 보자. 이번에는 더하기(+)를 사용해 하나 이상의 문자와 일치시키자.

예문

```
Send personal email to ben@forta.com. For questions
about a book use support@forta.com. Feel free to send
unsolicited email to spam@forta.com (wouldn't it be
nice if it were that simple, huh?).
```

정규 표현식

```
\w+@\w+\.\w+
```

결과

```
Send personal email to ben@forta.com. For questions
about a book use support@forta.com. Feel free to send
unsolicited email to spam@forta.com (wouldn't it be
nice if it were that simple, huh?).
```

분석

이번에 사용한 패턴은 주소 세 개와 모두 정확하게 일치했다. 정규 표현식은 \w+를 사용해 우선 하나 이상 연속된 영숫자 문자를 찾고, 이어서 앳(@)을 찾은 다음, 다시 \w+로 하나 이상 연속된 문자를 찾았다. 그리고 마침표(.) 문자를 \로 이스케이프 하여 마침표(.)를 찾았으며 마지막으로 한 번 더 \w+를 사용해 주소의 마지막 부분을 찾았다.

 더하기(+)는 메타 문자다. 문자 그대로 더하기(+)를 찾으려면 \+로 이스케이프 해야 한다.

더하기(+)는 문자 집합이 하나 이상인 경우에도 사용한다. 다음 예제로 실험해 보자. 정규 표현식은 같지만 예문이 조금 다르다.

예문

```
Send personal email to ben@forta.com or
ben.forta@forta.com. For questions about a
book use support@forta.com. If your message
is urgent try ben@urgent.forta.com. Feel
free to send unsolicited email to
spam@forta.com (wouldn't it be nice if
it were that simple, huh?).
```

정규 표현식

\w+@\w+\.\w+

결과

Send personal email to ben@forta.com or
ben.forta@forta.com. For questions about a
book use support@forta.com. If your message
is urgent try ben@urgent.forta.com. Feel
free to send unsolicited email to
spam@forta.com (wouldn't it be nice if
it were that simple, huh?).

분석

정규 표현식으로 주소를 다섯 개 찾았지만, 그중 두 개는 제대로 검색되지 않았다. 왜 그럴까? \w+@\w+\.\w+는 앳(@) 앞에 나오는 마침표(.)를 일치시키지 못하고, 앳(@) 뒤에 문자열을 둘로 나누는 마침표(.)는 하나만 검색되도록 설정되었기 때문이다. \w는 영숫자와 일치하지만, 문자열 중간에 있는 마침표(.)와는 일치하지 않기 때문에 ben.forta@forta.com이 올바른 이메일 주소라 해도, 이 정규 표현식은 ben. forta 대신 forta만 찾는 것이다.

이제 \w나 마침표(.)와 일치하도록, 정규 표현식 규칙에 따라 [\w.] 집합을 정의해야 한다. 수정한 예제를 살펴보자.

예문

Send personal email to ben@forta.com or
ben.forta@forta.com. For questions about a
book use support@forta.com. If your message
is urgent try ben@urgent.forta.com. Feel
free to send unsolicited email to
spam@forta.com (wouldn't it be nice if
it were that simple, huh?).

정규 표현식

[\w.]+@[\w.]+\.\w+

결과

Send personal email to `ben@forta.com` or
`ben.forta@forta.com`. For questions about a
book use `support@forta.com`. If your message
is urgent try `ben@urgent.forta.com`. Feel
free to send unsolicited email to
`spam@forta.com` (wouldn't it be nice if
it were that simple, huh?).

분석

[\w.]+를 쓰니 문자, 밑줄, 마침표(.)가 하나 이상 일치해 ben.forta를 제대로 찾아 냈다. [\w.]+는 앳(@) 뒤에서 더 깊은 단계의 도메인 주소를 찾기도 했다.

 앞서 본 정규 표현식에서 마지막 부분을 잘 살펴보면, [\w.]+가 아니라 \w+를 사용했다. 왜 그랬을까? 마지막 패턴을 [\w.]로 바꿔 두 번째, 세 번째, 네 번째 로 일치했던 부분이 왜 의도대로 동작하지 않는지 확인해 보자.

 이 패턴을 보고 집합 안에서는 마침표(.)를 이스케이프 하지 않아도 마침표(.) 와 일치한다는 사실을 알았을 것이다. 일반적으로 마침표(.)나 더하기(+) 같은 메타 문자들이 집합의 구성원일 때는 문자 그대로 취급되므로 굳이 이스케이프 할 필요가 없다. 그러나 이스케이프 한다고 문제가 생기지는 않는다. [\w.]는 [\w\.]과 기능이 같다.

문자가 없거나 하나 이상 연속하는 문자 찾기

더하기(+)는 하나 이상 연속된 문자를 찾는다. 문자가 없는 경우는 아예 찾지 못하고, 최소한 하나는 일치해야 한다. 하지만 있을 수도 있고 없 을 수도 있는 문자와 일치시키려면 어떻게 해야 할까? 그럴 때는 메타 문자인 별표(*)를 사용하면 된다. 별표(*)는 더하기(+)와 거의 비슷하게 사용하는데, 문자나 집합 바로 뒤에 두면 찾고자 하는 문자나 집합이 없 는 경우 또는 하나 이상 연속하는 경우에 일치한다. 따라서 B.* Forta 패턴은 B Forta, B. Forta, Ben Forta 같은 조합과도 일치한다.

앞서 나온 이메일 예제를 수정해 별표(*)의 사용법을 살펴보자.

예문

Hello .ben@forta.com is my email address.

정규 표현식

[\w.]+@[\w.]+\.\w+

결과

Hello .ben@forta.com is my email address.

분석

[\w.]+가 영숫자 문자와 마침표(.)로 구성된 한 글자 이상의 요소와 일치하므로 .ben과 일치한다는 사실이 떠오를 것이다. 앞서 나온 예문에는 명백하게 오자가 존재하지만(텍스트 중간에 마침표가 잘못 찍혀 있다), 오자가 문제는 아니다. 더 큰 문제는 이메일 주소에 마침표를 쓸 수는 있지만, 이메일 주소 맨 처음에 쓰지는 않는다는 사실이다.

다시 말해, 우리가 정말 일치시키려는 문자는 더 있을 수도 있고 없을 수도 있는 영숫자 문자일 것이다. 다음과 같이 말이다.

예문

Hello .ben@forta.com is my email address.

정규 표현식

\w+[\w.]*@[\w.]+\.\w+

결과

Hello .ben@forta.com is my email address.

분석

패턴이 더 복잡해진 것 같지만 실제로는 그렇지 않다. 함께 살펴보자. \w+는 마침표(.)를 제외한 영숫자 문자와 모두 일치한다(즉, 이메일 주소의 시작으로 유효한 문자를 말한다). 우선 첫 문자가 유효하면, 그다음에는 마침표(.)가 하나 나오거나 문자가 더 나올 수도 있다. 사실 이런 이메일 주소는 없을지도 모른다. [\w.]*는 문자가 없는 경우를 포함해 여러 개의 영숫자 혹은 마침표(.)와 일치하는데, 이것이 바로 우리가 찾고자 한 텍스트다.

> ✔️ 별표(*)는 주어진 문자가 있는 경우에 일치시키는 선택적 메타 문자로 생각하면
> 된다. 반드시 하나 이상 일치해야 하는 더하기(+) 문자와 달리, 별표(*)는 일치하
> 는 텍스트가 있다면 얼마든지 일치하지만, 반드시 있어야 하는 건 아니다.

> 💡 별표(*)는 메타 문자다. 별표(*)를 문자 그대로 찾으려면 *로 이스케이프 해야
> 한다.

문자가 없거나 하나인 문자 찾기

또 매우 유용한 메타 문자로 물음표(?)가 있다. 별표(*)처럼 물음표(?)
는 문자가 있는 경우 일치하고 문자가 없어도 일치하지만, 별표(*)와 달
리 문자나 집합이 없거나 하나만 있는 경우에만 일치하며, 하나 이상은
일치하지 않는다. 즉, 물음표(?)는 문자 묶음 안에서 있는지 없는지 확
실하지 않은 특정한 문자를 하나만 찾을 때 매우 유용하다.

다음 예제를 살펴보자.

예문

```
The URL is http://www.forta.com/, to connect
securely use https://www.forta.com/ instead.
```

정규 표현식

```
http:\/\/[\w.\/]+
```

결과

```
The URL is http://www.forta.com/, to connect
securely use https://www.forta.com/ instead.
```

분석

이 패턴은 URL을 일치시키고자 http:\/\/을 썼고, 문자 그대로 찾기 때문에 오
직 해당 문자와만 일치한다. 이어서 [\w.\/]+가 영숫자 문자, 마침표(.), 슬래시(/)
로 이루어진 집합의 구성 요소 가운데 하나 이상과 일치한다. 이 패턴은 처음에 있
는 http://로 시작하는 URL과는 일치하지만 두 번째에 있는 https://로 시작하는
URL과는 일치하지 않는다. 그렇다고 s가 없거나 하나 이상 연속될 때 일치하는 s*

가 적합하지도 않다. 왜냐하면 httpsssss://와도 일치하기 때문이다. 이 URL 형식은 결코 올바르지 않다.

그렇다면 해결 방법으로 뭐가 있을까? 바로 다음 예제처럼 s?를 쓰는 것이다.

예문

```
The URL is http://www.forta.com/, to connect
securely use https://www.forta.com/ instead.
```

정규 표현식

```
https?:\/\/[\w.\/]+
```

결과

```
The URL is http://www.forta.com/, to connect
securely use https://www.forta.com/ instead.
```

분석

이 패턴은 https?:\/\/로 시작한다. 물음표(?)는 자기 앞에 있는 문자가 없거나 그 문자가 하나만 있는 경우 일치한다. 여기서는 s인데, https?://는 http://나 https://와는 일치하지만, 그 외에는 일치하지 않는다.

덧붙여 물음표(?)를 쓰면 4장에서 언급한 문제도 해결된다. 우리는 \r\n으로 줄의 끝을 일치시키는 예제를 살펴봤는데, 유닉스나 리눅스 환경에서는 \r은 제외하고 \n만 사용한다고 언급했다. 이때 \n 앞에 \r이 있을 경우에만 일치시키는 것이 이상적인 해결책일 것이라고도 했다. 이 예제를 다시 한번 볼 텐데, 이번에는 정규 표현식을 약간 수정했다.

예문

```
"101","Ben","Forta"
"102","Jim","James"

"103","Roberta","Robertson"
"104","Bob","Bobson"
```

정규 표현식

[\r]?\n[\r]?\n

결과

"101","Ben","Forta"
"102","Jim","James"

"103","Roberta","Robertson"
"104","Bob","Bobson"

분석

[\r]?\n은 \r이 있을 경우에는 \r과 일치하고, \n과는 반드시 일치한다.

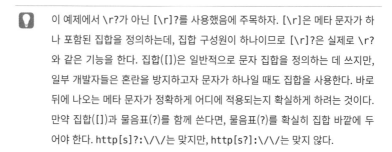 이 예제에서 \r?가 아닌 [\r]?를 사용했음에 주목하자. [\r]은 메타 문자가 하나 포함된 집합을 정의하는데, 집합 구성원이 하나이므로 [\r]?은 실제로 \r?와 같은 기능을 한다. 집합([])은 일반적으로 문자 집합을 정의하는 데 쓰지만, 일부 개발자들은 혼란을 방지하고자 문자가 하나일 때도 집합을 사용한다. 바로 뒤에 나오는 메타 문자가 정확하게 어디에 적용되는지 확실하게 하려는 것이다. 만약 집합([])과 물음표(?)를 함께 쓴다면, 물음표(?)를 확실히 집합 바깥에 두어야 한다. http[s]?:\/\/는 맞지만, http[s?]:\/\/는 맞지 않다.

물음표(?)는 메타 문자다. 물음표(?)를 문자 그대로 찾으려면 \?로 이스케이프 해야 한다.

구간 지정하기

더하기(+), 별표(*), 물음표(?)는 정규 표현식을 쓰면서 발생하는 많은 문제를 해결해 주지만, 충분하지 않을 때도 있다. 다음과 같은 상황을 생각해 보자.

- 더하기(+)와 별표(*)는 일치하는 문자 수에 제한이 없다. 문자가 최대 몇 개까지 일치하는지 정할 수 없다.
- 더하기(+), 별표(*), 물음표(?)가 일치하는 문자 수의 최솟값은 0이나 1이다. 일치하는 문자 수의 최솟값을 명시적으로 정의할 수 없다.

- 정확히 원하는 만큼만 일치하도록 문자 수를 정의할 수 없다.

이런 문제들을 해결하고, 연속하는 문자를 찾을 때 검색 조건을 더 구체적으로 지정하고자 정규 표현식에서는 **구간**(interval)을 사용한다. 구간은 중괄호({}) 안에 표시한다.

 여는 중괄호({)와 닫는 중괄호(})는 메타 문자이므로 문자 그대로 사용하려면 역슬래시(\)를 써 이스케이프 해야 한다. 그러나 많은 정규 표현식 구현에서는 역슬래시(\)로 이스케이프 하지 않더라도 여는 중괄호({)와 닫는 중괄호(})가 문자 그대로 사용되는지 혹은 메타 문자로 사용되는지 정확하게 구별할 수 있다. 하지만 문자 그대로 찾을 때는 이런 기능에 의존하기보다는 이스케이프 하는 편이 좋다.

정확한 구간 찾기

문자가 일치하는 수를 정확히 정하려면 여는 중괄호({)와 닫는 중괄호(}) 사이에 숫자를 넣는다. 즉, {3}은 바로 앞에 있는 문자나 문자 집합이 세 번 연속해서 일치하는지 확인한다. 민약 요소가 두 개만 있다면, 패턴이 일치하지 않는다.

3장과 4장에서 활용한 RGB 예제를 수정해 어떻게 작동하는지 알아보자. 여러분은 RGB 값이 두 개씩 짝지어진 16진수 숫자 집합 세 개로 이루어짐을 기억할 것이다. 처음에는 RGB 값을 찾을 때 다음과 같은 패턴을 사용했다.

```
#[0-9A-Fa-f][0-9A-Fa-f][0-9A-Fa-f][0-9A-Fa-f][0-9A-Fa-f][0-9A-Fa-f]
```

4장에서는 포직스 클래스를 이용해 패턴을 다음과 같이 바꿨다.

```
#[[:xdigit:]][[:xdigit:]][[:xdigit:]][[:xdigit:]][[:xdigit:]][[:xdigit:]]
```

문제는 두 패턴 모두 문자 집합 혹은 클래스를 정확하게 여섯 번 반복해서 명시해 주어야 한다는 점이다. 이 예제에 구간 찾기를 사용해 보겠다.

예문

```
body {
    background-color: #fefbd8;
}
h1 {
    background-color: #0000ff;
}
div {
    background-color: #d0f4e6;
}
span {
    background-color: #f08970;
}
```

정규 표현식

```
#[A-Fa-f0-9]{6}
```

결과

```
body {
    background-color: #fefbd8;
}
h1 {
    background-color: #0000ff;
}
div {
    background-color: #d0f4e6;
}
span {
    background-color: #f08970;
}
```

분석

[A-Fa-f0-9]는 하나의 16진수 문자와 일치함을, {6}은 이를 여섯 번 반복함을 뜻한다. 포직스로 신세계를 맛봤던 것만큼 효과적이다.

범위 구간 찾기

값(일치 횟수)의 범위, 다시 말해 일치시기려는 요소(instance) 수의 최솟값과 최댓값을 나타낼 때도 구간을 사용한다. 범위는 {2,4}처럼 표현한다. 최소 두 번에서 최대 네 번까지 일치시킨다는 의미다. 날짜 형식을 찾는 정규 표현식이 범위 구간(range interval) 찾기를 보여 주는 예로 적절하다. 다음 예를 보자.

예문
```
4/8/17
10-6-2018
2/2/2
01-01-01
```

정규 표현식
```
\d{1,2}[-\/]\d{1,2}[-\/]\d{2,4}
```

결과
```
4/8/17
10-6-2018
2/2/2
01-01-01
```

분석

여기에는 사용자가 입력창에 써넣었을 만한 값이 나열되었다. 이 값들은 날짜 형식에 맞게 입력되어야 한다.[1] \d{1,2}는 한 자리 혹은 두 자리 숫자와 일치해 날짜와 월을 검사하고 \d{2,4}는 연도와 일치하며, [-\/]는 날짜 구분선인 하이픈(-)이나 슬래시(/)와 일치한다. 결과적으로 연도가 너무 짧아서 일치하지 않은 2/2/2를 제외하고 날짜가 세 개 일치했다.

 이 예제에서 쓴 정규 표현식은 슬래시(/) 문자를 \/로 이스케이프 하였다. 많은 정규 표현식 구현에서는 이 작업이 필요 없지만, 어떤 정규 표현식 해석기에는 필요하다. 따라서 항상 슬래시(/)를 이스케이프 하는 편이 좋다.

중요한 것은 이 패턴으로는 날짜가 옳은지 검사하지는 못한다는 점이다. 54/67/9999처럼 값이 틀려도 검사를 통과한다. 이 패턴은 날짜 형식에 맞는지만 검사할 뿐이다. 그래서 이 단계는 주로 날짜 자체가 유효한지 검사하기 전에 이루어진다.

---

1 (옮긴이) 우리나라는 년/월/일 순이지만, 예제는 서양에서 사용하는 월/일/년 순으로 되어 있다.

구간은 0부터 시작하기도 한다. {0,3}은 요소가 없는 경우나 요소가 한 번 또는
두 번이나 세 번 일치함을 의미한다.

앞서 보았듯이, 물음표(?)는 물음표 앞에 주어진 요소가 없는 경우나 요소 한 개
와 일치한다. 즉, 물음표(?)는 {0,1}과 같은 기능을 한다.

'최소' 구간 찾기

마지막으로 구간 검색은 최댓값 없이 찾고자 하는 요소의 최솟값을 지
정할 수도 있다. 이 패턴에서 쓴 구간 문법은 범위와 비슷하지만, 최댓
값이 없다는 점만 다르다. 예를 들어 {3,}은 최소한 요소가 세 번 일치
함을 의미한다. 다시 말해, 요소가 세 번 이상 일치한다는 것이다. 다음
예제에서는 이 장에서 배운 것들을 조합해 보았다. 이 예제에는 주문 금
액이 100달러 이상인 주문을 모두 찾는 정규 표현식을 썼다.

예문

```
1001: $496.80
1002: $1290.69
1003: $26.43
1004: $613.42
1005: $7.61
1006: $414.90
1007: $25.00
```

정규 표현식

```
\d+: \$\d{3,}\.\d{2}
```

결과

```
1001: $496.80
1002: $1290.69
1003: $26.43
1004: $613.42
1005: $7.61
1006: $414.90
1007: $25.00
```

분석

예문은 주문 번호와 주문 금액을 보여 주는 보고서다. 이 정규 표현식은 처음에 \d+:를 써 주문 번호를 찾는다. 주문 번호를 포함한 전체 행이 아니라, 단순히 금액만 찾고 싶다면 이 패턴은 빼도 무방하다. \$\d{3,}\.\d{2}는 금액과 일치하는 패턴이다. \$는 달러 기호($), \d{3,}은 최소 세 자리 숫자(즉, 최소 100달러), \.은 마침표(.), 마지막으로 \d{2}는 소수점 이하 두 자리 숫자와 일치한다. 이 패턴은 일곱 개 주문 중 네 개와 일치한다.

> 💡 최솟값으로 구간을 찾을 때는 주의해야 한다. 만약 쉼표(,)가 빠지면 찾으려는 요소의 최솟값이 아니라 정확히 지정한 만큼 일치시키는 것으로 인식한다.

> ✅ 더하기(+)는 {1,}과 기능이 같다.

과하게 일치하는 상황 방지하기

물음표(?)는 제한된 범위만큼 일치시키고(없거나 하나만 있는 경우와 일치한다), 구간을 쓰면 정확히 지정한 만큼 일치하거나 지정한 범위 안에서만 검색을 수행한다. 하지만 이 장에서 소개한 패턴들은 일치하는 횟수에 제한이 없기 때문에 때로는 너무 많이 일치하기도 한다.

그래서 지금까지 나온 예제는 모두 일치하지 않아도 되는 텍스트까지 과도하게 일치하는 상황이 없도록 주의 깊게 선택했지만, 다음 예제를 생각해 보자. 다음 예문은 웹 페이지의 일부고 HTML 태그인 <b>가 포함되었다. 정규 표현식으로 <b> 태그로 둘러싸인 텍스트(형식을 바꾸려고 하는지도 모른다)를 일치시켜야 한다.

예문

```
This offer is not available to customers
living in <b>AK</b> and <b>HI</b>.
```

정규 표현식

```
<[Bb]>.*<\/[Bb]>
```

결과

```
This offer is not available to customers
living in <b>AK</b> and <b>HI</b>.
```

분석

<[Bb]>는 <b> 시작 태그와 일치하고, <\/[Bb]>는 </b> 종료 태그와 일치한다. 두 경우 모두 대소문자를 구별하지 않는다. 하지만 두 번이 아니라 오직 한 번만 일치했다. .*는 처음 나온 <b>부터 마지막에 나온 </b> 사이에 있는 모든 텍스트와 일치하므로 AK</b> and <b>HI가 일치한 것이다. 우리가 원하는 텍스트를 포함하긴 하지만, 찾으려 하지 않은 텍스트도 포함했다.

바로 별표(*)와 더하기(+) 같은 메타 문자가 **탐욕적**(greedy)이므로 이는 가능한 한 가장 큰 덩어리를 찾으려 한다는 뜻이다. 이런 메타 문자는 찾으려는 텍스트를 앞에서부터 찾는 게 아니라, 텍스트 마지막에서 시작해 거꾸로 찾는다. 의도적으로 수량자(quantifier)를 탐욕적으로 설계했기 때문이다.

하지만 만약 우리가 탐욕적 일치를 원하지 않는다면 어떻게 해야 할까? 탐욕적 수량자를 **게으른**(lazy) 수량자로 바꿔 이 문제를 해결한다. '게으른'이라고 부르는 이유는 문자가 최소로 일치하기 때문이다. 게으른 수량자는 기존 수량자 뒤에 물음표(?)를 붙여서 표현한다. 표 5.1 에서 보듯이 탐욕적 수량자에는 모두 각각 대응되는 게으른 수량자가 있다.

탐욕적 수량자	게으른 수량자
*	*?
+	+?
{n,}	{n,}?

표 5.1 탐욕적 수량자와 게으른 수량자

*?는 별표(*)의 게으른 수량자인데, 이 문자를 이용해 앞서 나온 예제를 수정해 보자.

예문

This offer is not available to customers
living in \<b\>AK\</b\> and \<b\>HI\</b\>.

정규 표현식

\<[Bb]\>.*?\<\/[Bb]\>

결과

This offer is not available to customers
living in `<b>AK</b>` and `<b>HI</b>`.

분석

게으른 수량자인 *?를 사용해 먼저 \<b\>AK\</b\>만 일치시켰고, 뒤이어 \<b\>HI\</b\>를
찾아 두 부분을 따로 일치시켰다.

 이 책에서 사용한 예제는 대부분 패턴을 가능한 한 단순하게 만들려고 탐욕적
수량자를 사용했다. 하지만 필요하다면 게으른 수량자로 바꿔도 무방하다.

요약

정규 표현식 패턴이 지닌 진짜 능력은 반복 찾기를 할 때 뚜렷하게 나타
난다. 이 장에서는 더하기(+)(하나 이상 일치)와 별표(*)(없거나 하나 이
상 있는 경우 일치), 물음표(?)(없거나 하나인 경우 일치)로 반복 찾기를
수행하는 법을 소개했다. 검색 조건을 더 구체적으로 지정하려면 구간
으로 정확한 반복 횟수나 최솟값, 최댓값을 정한다. 방금 말한 수량자들
은 탐욕적이어서 너무 넓은 범위와 일치할 수도 있다. 이를 방지하려면
게으른 수량자를 사용한다.

6장

위치 찾기

우리는 지금까지 여러 가지 문자를 어떻게 다양한 방식으로 조합하고 반복하는지, 또 이를 통해 어떻게 전체 텍스트에서 원하는 텍스트를 찾을 수 있는지 배웠다. 그러나 이따금 텍스트 영역 내에 있는 특정 위치에서 텍스트를 찾아야 할 때도 있다. 그러려면 위치 찾기가 필요하며, 이 장에서는 바로 위치 찾기를 배울 것이다.

경계 지정하기

위치 찾기(position matching)는 텍스트 문자열 안에서 반드시 일치해야 하는 위치를 지정할 때 사용한다. 위치 찾기가 왜 필요한지 이해하기 위해 다음 예제를 살펴보자.

예문

The cat scattered his food all over the room.

정규 표현식

cat

결과

The cat scattered his food all over the room.

분석

cat 패턴은 cat이 있는 부분과 모두 일치한다. 심지어 scattered라는 단어 사이에 있는 cat과도 일치한다. 사실 이런 결과를 바랐을 수도 있다. 하지만 그렇지 않을 가능성이 더 크다. 만약 우리가 cat을 모두 dog로 치환하려고 검색했다면 다음과 같이 말도 안 되는 결과를 얻게 된다.

```
The dog sdogtered his food all over the room.
```

이럴 때 **경계**(boundaries)를 사용하거나 패턴 앞이나 뒤에 특정한 위치 혹은 경계를 나타내는 메타 문자를 사용하면 된다.

단어 경계 지정하기

처음으로 알아볼 경계는 가장 흔하게 쓰는 방법인데, \b로 표시하는 단어 경계다. 단어 경계라는 이름에서 유추해 볼 수 있듯이, \b는 단어의 시작이나 마지막을 일치시킬 때 사용한다.

　\b를 어떻게 쓰는지 알아보고자 앞서 본 예제를 다시 사용할 텐데, 이번에는 경계를 지정하겠다.

예문

```
The cat scattered his food all over the room.
```

정규 표현식

```
\bcat\b
```

결과

```
The cat scattered his food all over the room.
```

분석

cat이라는 단어 앞뒤는 빈칸인데 여기서 빈칸은 단어와 단어를 구분하는 문자들 가운데 하나이므로, \bcat\b와 일치한다. 하지만 scattered라는 단어 사이에 있는 cat은 앞에는 s, 뒤에는 t가 이어서 나와 둘 다 \b와 일치하지 않으므로 일치하지 않는다.

그럼 정확하게 \b는 무엇과 일치하는 걸까? 정규 표현식 엔진은 영어를 비롯해 어떤 언어도 이해하지 못한다. 따라서 무엇이 단어인지도 알지 못한다. \b는 일반적으로 단어의 일부로 사용하는 문자(영숫자 문자, 밑줄, \w와 일치하는 문자)와 그 외의 문자(\W와 일치하는 문자) 사이에 있는 위치와 일치한다.

중요한 것은 완전한 단어 하나를 일치시키고자 한다면, 일치시키고자 하는 단어 앞뒤에 모두 \b를 붙여야 한다는 점이다. 다음 예제를 살펴 보자.

예문

```
The captain wore this cap and cape proudly as
he sat listening to the recap of how his
crew saved the men from a capsized vessel.
```

정규 표현식

```
\bcap
```

결과

```
The captain wore this cap and cape proudly as
he sat listening to the recap of how his
crew saved the men from a capsized vessel.
```

분석

\bcap 패턴은 cap으로 시작하는 모든 단어와 일치한다. 따라서 단어가 총 네 개 일 치했지만, 그 중 세 단어는 cap이 포함된 다른 단어다.

다음은 같은 예제지만, \b를 뒤에만 붙인 것이다.

예문

```
The captain wore this cap and cape proudly as
he sat listening to the recap of how his
crew saved the men from a capsized vessel.
```

정규 표현식

```
cap\b
```

결과

The captain wore this `cap` and cape proudly as
he sat listening to the re`cap` of how his
crew saved the men from a capsized vessel.

분석

cap\b는 cap으로 끝나는 단어와 모두 일치한다. 따라서 단어가 총 두 개 일치했지만, 그중 하나는 cap을 포함하는 다른 단어다. 만약 cap만으로 구성된 단어만 일치시키려 한다면, 패턴을 \bcap\b로 작성해야 된다.

> \b는 실제로 문자와 일치하는 것이 아니고, 위치를 가리킨다. 그래서 \bcat\b를 써서 찾은 문자열의 길이는 5가 아니라 3(c, a, t)이다.

특별히 단어 경계와 일치시키고 싶지 않을 땐, \B를 사용한다. 다음 예제에서는 \B 메타 문자를 활용해 잘못 쓰인 빈칸으로 둘러싸인 하이픈을 찾는다.

예문

Please enter the nine-digit id as it
appears on your color – coded pass-key.

정규 표현식

\B-\B

결과

Please enter the nine-digit id as it
appears on your color `–` coded pass-key.

분석

\B-\B는 단어 구분(word-break) 문자로 둘러싸인 하이픈과 일치한다. 그러므로 nine-digit와 pass-key에 있는 하이픈은 일치하지 않지만, color – coded에 있는 하이픈과는 일치한다.

> ✅ 4장 "메타 문자 사용하기"에서 봤듯이 대문자 메타 문자는 주로 그에 대응하는
> 소문자 메타 문자와 반대되는 기능을 지닌다.

> ✅ 일부 정규 표현식 구현에는 메타 문자가 두 개 더 있다. \b는 단어의 처음과 마
> 지막 모두 일치하는 반면, \<는 단어의 시작 부분과 일치하고, \>는 단어의 마
> 지막 부분과 일치한다. 이 문자들을 써서 정규 표현식을 더 상세하게 설정할 수
> 있지만, egrep을 제외한 다른 구현에서는 지원하지 않는 경우가 많다.

문자열 경계 정의하기

단어 경계는 단어의 위치(단어의 시작, 단어의 마지막, 단어 전체 등)를
기반으로 위치를 찾는다. 문자열 경계는 단어 경계와 기능은 비슷하지
만, 전체 문자열의 시작이나 마지막 부분과 패턴을 일치시키고자 할 때
사용한다. 문자열 경계는 메타 문자 가운데 캐럿(^)으로 문자열의 시작
을, 달러 기호($)로 문자열의 마지막을 나타낸다.

> ✅ 우리는 3장 "문자 집합으로 찾기"에서 캐럿(^) 문자가 집합을 부정할 때 쓰인다
> 고 배웠다. 어떻게 이 문자로 문자열의 시작을 나타낼까?
> 캐럿(^) 문자는 여러 용도로 쓰는 몇몇 메타 문자 중 하나다. 대괄호([])로 둘러
> 싸인 집합 안에서 여는 대괄호([) 문자 바로 다음에 쓰면 부정을 뜻한다. 집합 밖
> 에서는 패턴 시작 부분에 캐럿(^) 문자를 쓰면 문자열의 시작 부분과 일치한다.

문자열 경계를 사용하는 방법을 다음 예제를 통해 알아보자. 올바른
XML 문서는 <?xml>로 시작하고, 주로 부가 속성(<?xml version="1.0"
?>처럼 버전 번호일 수 있다)을 포함한다. 다음은 주어진 텍스트가
XML 문서인지 아닌지 간단하게 검사하는 예제다.

예문

```
<?xml version="1.0" encoding="UTF-8" ?>
<wsdl:definitions targetNamespace="http://tips.cf"
xmlns:impl="http://tips.cf" xmlns:"intf=http://tips.cf"
xmlns:apachesoap="http://xml.apache.org/xml-soap"
```

정규 표현식

```
<\?xml.*\?>
```

결과

```
<?xml version="1.0" encoding="UTF-8" ?>
<wsdl:definitions targetNamespace="http://tips.cf"
xmlns:impl="http://tips.cf" xmlns:intf="http://tips.cf"
xmlns:apachesoap="http://xml.apache.org/xml-soap"
```

분석

제대로 동작하는 것처럼 보인다. `<\?xml`은 `<?xml`과 일치하고, `\?>`는 마지막 `?>`와 일치하며, `.*`은 텍스트가 없는 경우도 포함하여 둘 사이에 있는 모든 텍스트와 일치한다.

하지만 이 검사는 부정확하다. 다음 예제를 보자. 같은 패턴을 적용했지만, XML 파일이 시작하기 전에 관계없는 텍스트가 포함되었다.

예문

```
This is bad, real bad!
<?xml version="1.0" encoding="UTF-8" ?>
<wsdl:definitions targetNamespace="http://tips.cf"
xmlns:impl="http://tips.cf" xmlns:intf="http://tips.cf"
xmlns:apachesoap="http://xml.apache.org/xml-soap"
```

정규 표현식

```
<\?xml.*\?>
```

결과

```
This is bad, real bad!
<?xml version="1.0" encoding="UTF-8" ?>
<wsdl:definitions targetNamespace="http://tips.cf"
xmlns:impl="http://tips.cf" xmlns:intf="http://tips.cf"
xmlns:apachesoap="http://xml.apache.org/xml-soap"
```

분석

`<\?xml.*\?>` 패턴은 예문에서 두 번째 줄과 일치한다. 그리고 실제로 예문 두 번째 줄에 XML을 여는 태그가 있긴 하지만, 결코 유효한 예문은 아니다. 게다가 이 예문

으로 XML을 처리하려다가는 여러 문제가 발생할 수 있다.

우리는 XML을 여는 태그가 문자열 안에 있는 실제 텍스트에서 첫 번째 줄에 위치한다는 사실을 확인해야 한다. 이 작업을 하기에는 다음에 나올 캐럿(^) 메타 문자가 제격이다.

예문

```
<?xml version="1.0" encoding="UTF-8" ?>
<wsdl:definitions targetNamespace="http://tips.cf"
xmlns:impl="http://tips.cf" xmlns:intf="http://tips.cf"
xmlns:apachesoap="http://xml.apache.org/xml-soap"
```

정규 표현식

```
^\s*<\?xml.*\?>
```

결과

```
<?xml version="1.0" encoding="UTF-8" ?>
<wsdl:definitions targetNamespace="http://tips.cf"
xmlns:impl="http://tips.cf" xmlns:intf="http://tips.cf"
xmlns:apachesoap="http://xml.apache.org/xml-soap"
```

분석

앞에 있는 캐럿(^) 문자는 문자열의 시작과 일치하므로, ^\s*는 문자열 시작이면서 바로 뒤에 공백 문자가 없거나, 하나 이상 있는 경우와 일치한다. 즉, XML 문서가 시작하기 전에 나올 수 있는 빈칸, 탭, 줄바꿈들을 처리한다. 전체 ^\s*<\?xml.*\?> 는 어떤 속성을 지닌 XML이든 여는 태그와 일치하며, 공백도 정확하게 처리한다.

 패턴 ^\s*<\?xml.*\?>이 잘 동작하기는 하지만, 이는 예제로 나온 XML이 완전하지 않기 때문이다. 완전한 XML 파일에 이 정규 표현식을 적용하면, 실제로 탐욕적 수량자가 어떻게 동작하는지 볼 수 있다. 이 예제는 .*이 아닌 .*?를 언제 사용해야 하는지를 잘 보여 주는 훌륭한 예다.

딜리 기호($)도 캐릿(^) 문자와 매우 유사한 방법으로 사용한다. 다음 패턴은 웹 페이지에서 닫는 </html> 태그 뒤에 아무 문자도 나오지 않는지 확인하는 데 쓴다.

정규 표현식

`</[Hh][Tt][Mm][Ll]>\s*$`

분석

문자 집합은 대소문자를 어떻게 조합해도 일치할 수 있도록 H, T, M, L 문자를 하나씩 찾고, `\s*$`는 공백 문자와 그 뒤에 오는 문자열 마지막을 찾는다.

 `^.*$` 패턴은 정확한 정규 표현식 문법이긴 하지만, 거의 항상 일치하므로 전혀 쓸모가 없다. 이 패턴이 대체 어떤 텍스트와 일치하고 어떤 텍스트와는 일치하지 않는지 알겠는가?

다중행 모드 사용하기

대개 캐럿(^)은 문자열의 시작과 일치하고, 달러 기호($)는 문자열의 마지막과 일치한다. 예외적으로 두 메타 문자의 동작을 바꾸는 방법이 있다.

많은 정규 표현식 구현은 다른 메타 문자의 동작을 변경하는 특수한 메타 문자를 지원하는데, 그중 하니기 `(?m)`으로, 다중행(multiline)을 지원한다. 다중행 모드로 변경하면 정규 표현식 엔진이 줄바꿈 문자를 문자열 구분자로 강제로 인식한다. 캐럿(^)은 문자열의 시작이나 줄바꿈 다음(새로운 행)에 나오는 문자열의 시작과 일치하고, 달러 기호($)는 문자열의 마지막이나 줄바꿈 다음에 나오는 문자열의 마지막과 일치한다.

`(?m)`은 항상 패턴 제일 앞에 두어야 한다. 다음은 정규 표현식을 사용하여 코드 블록 내의 모든 자바스크립트 주석을 찾는 예제다.

예문

```
<script>
function doSpellCheck(form, field) {
    // Make sure not empty
    if (field.value == '') {
        return false;
    }
```

```
    // Init
    var windowName='spellWindow';
    var spellCheckURL='spell.cfm?formname=comment&fieldname='+field.name;
...
    // Done
    return false;
}
</script>
```

정규 표현식

```
(?m)^\s*\/\/.*$
```

결과

```
<script>
function doSpellCheck(form, field) {
    // Make sure not empty
    if (field.value ==  '') {
        return false;
    }
    // Init
    var windowName='spellWindow';
    var spellCheckURL='spell.cfm?formname=comment&fieldname='+field.name;
...
    // Done
    return false;
}
</script>
```

분석

^\s*\/\/.*$는 문자열 시작 부분과 바로 뒤에 나오는 공백들, 그리고 다시 //(자바스크립트 주석을 정의하는 데 쓴다), 그다음으로 모든 텍스트, 마지막으로 문자열의 끝과 일치한다. 하지만 이 패턴은 오직 첫 번째 주석과만 일치한다(그것도 해당 주석이 그 페이지에서 유일할 때만 그렇다). (?m)^\s*\/\/.*$에서 (?m) 변경자(modifier)를 써 이 패턴에서 줄바꿈을 문자열 구분자로 인식하게 했더니 모든 주석이 일치했다.

> ⚠️ (?m)은 자바스크립트를 포함한 대부분의 정규 표현식 구현에서는 지원하지 않는다.

> ✅ 어떤 정규 표현식 구현은 \A로 문자열의 시작 부분을 지정하고, \Z로 문자열의
> 마지막을 지정하도록 지원한다. 만약 이 문자들을 지원한다면 이 메타 문자들은
> 캐럿(^), 달러 기호($)와 거의 비슷한 기능을 할 테지만, 캐럿(^)이나 달러 기호
> ($)와 달리 이들은 (?m)으로 기능을 변경할 수 없으며, 따라서 다중행 모드는 동
> 작하지 않는다.

요약

정규 표현식은 텍스트의 어떤 구역이나 문자열의 특정 위치에서도 텍스
트를 찾을 수 있다. \b는 단어 경계를 지정할 때 사용하고(\B[1]는 완전히
반대되는 의미로 사용한다) 캐럿(^)과 달러 기호($)는 문자열 경계(각
문자열의 시작과 끝)를 나타낸다. (?m) 변경자와 함께 사용할 때 캐럿
(^)과 달러 기호($)는 줄바꿈 문자로 시작하는 문자열이나 줄바꿈 문자
로 끝나는 문자열과도 일치한다.

---

[1] (옮긴이) 다음 예를 보면 \B를 이해하기가 더 쉬울 것이다.

\bcat\b

my cat is cute. (일치)
He is scattering his money about. (일치하지 않음)

\Bcat\B

my cat is cute. (일치하지 않음)
He is scattering his money about. (일치)

7장

하위 표현식 사용하기

지금까지 예제를 통해 실험해 봤듯이, 지정한 문자를 검색하는 기능과 메타 문자는 정규 표현식을 뒷받침하는 기본 기능이다. 이 장에서 우리는 하위 표현식(subexpression)을 사용해 여러 표현식을 어떻게 묶는지 알아본다.

하위 표현식 이해하기

5장 "반복 찾기"에서는 단어 하나가 여러 번 일치하는 경우를 살펴보았다. 거기서 설명한 대로, \d+는 하나 이상 연속된 숫자와 일치하고, https?:\/\/는 http://나 https://와 일치한다. 이 두 예에서(사실 모든 경우에) 물음표(?), 별표(*), {2} 같은 반복 메타 문자는 자기 바로 앞에 있는 문자나 메타 문자에 적용한다. 예를 들어 HTML 개발자는 단어 사이에 공백을 확실히 유지할 목적으로 주로 강제 공백(nonbreaking space)을 단어 사이에 넣는다. 이제 이런 강제 공백을 다른 것으로 대체하고자, HTML에서 반복해 나오는 강제 공백을 모두 찾아야 한다고 가정해 보자. 다음 예제를 보자.

예문

```
Hello, my name is Ben Forta, and I am
```

```
the author of multiple books on SQL (including
MySQL, Oracle PL/SQL, and SQL Server T-SQL),
Regular  Expressions, and other subjects.
```

정규 표현식

```
 {2,}
```

결과

```
Hello, my name is Ben Forta, and I am
the author of multiple books on SQL (including
MySQL, Oracle PL/SQL, and SQL Server T-SQL),
Regular  Expressions, and other subjects.
```

분석

 는 HTML 강제 공백을 나타내는 참조 항목이다. {2,} 패턴은
와 두 개 이상 일치해야 한다. 하지만 일치하지 않았다. 왜일까? {2,}는 바로 앞에
있는 문자가 연속해서 반복된 횟수만을 표현한다. 이 경우에 앞에 놓인 문자가 세
미콜론이므로, ;;;;는 일치할 테지만   는 일치하지 않는다.

하위 표현식으로 묶기

위의 문제를 해결하는 데 하위 표현식이 필요하다. 하위 표현식은 큰 표
현식 안에 속한 일부 표현식을 한 항목으로 다루도록 한데 묶은 것이다.
하위 표현식은 괄호 사이에 사용한다.

 괄호는 메타 문자다. 실제 여는 괄호(()와 닫는 괄호())를 찾으려면 각각 \(와
\)로 이스케이프 해야 한다.

앞서 나온 예제를 수정해 하위 표현식을 사용하는 방법을 익혀 보자.

예문

```
Hello, my name is Ben Forta, and I am
the author of multiple books on SQL (including
MySQL, Oracle PL/SQL, and SQL Server T-SQL),
Regular  Expressions, and other subjects.
```

정규 표현식

( ){2,}

결과

Hello, my name is Ben Forta, and I am
the author of multiple books on SQL (including
MySQL, Oracle PL/SQL, and SQL Server T-SQL),
Regular** **Expressions, and other subjects.

분석

( )는 하위 표현식이며 한 항목으로 취급한다. 따라서 {2,}는 세미콜론이 아
니라 이 하위 표현식 전체가 반복하는 횟수를 나타낸다. 이제 제대로 동작한다.

다른 예제를 살펴보자. 이번에는 정규 표현식으로 IP 주소를 찾는다. IP
주소는 숫자 네 묶음을 마침표로 구분해 이루어지며 12.159.46.200 같
은 형식이다. 각 묶음에는 숫자가 한 자리 숫자부터 세 자리 숫자까지
들어갈 수 있으므로 이 숫자 묶음과 일치시키려면 패턴을 \d{1,3}으로
표현한다. 다음 예제를 보자.

예문

Pinging hog.forta.com [12.159.46.200]
with 32 bytes of data:

정규 표현식

\d{1,3}\.\d{1,3}\.\d{1,3}\.\d{1,3}

결과

Pinging hog.forta.com [`12.159.46.200`]
with 32 bytes of data:

분석

각 \d{1,3}은 IP 주소 숫자들 가운데 한 묶음과 일치한다. 숫자 네 묶음은 마침표
(.)로 구분하므로 \.로 이스케이프 했다.

최대 세 자리 정수 뒤에 마침표가 오는 \d{1,3}\. 패턴 자체도 세 번 반복되므로 반복 표현으로 사용할 수 있다. 다음은 같은 예문을 다른 식으로 검색한 예제다.

예문

```
Pinging hog.forta.com [12.159.46.200]
with 32 bytes of data:
```

정규 표현식

```
(\d{1,3}\.){3}\d{1,3}
```

결과

```
Pinging hog.forta.com [12.159.46.200]
with 32 bytes of data:
```

분석

이 패턴도 앞서 본 예제와 마찬가지로 잘 동작하지만, 문법은 다르다. \d{1,3}\.을 하위 표현식으로 만들고자 괄호로 감쌌다. (\d{1,3}\.){3}은 이 하위 표현식을 세 번 반복하고(IP 주소의 앞에서부터 세 묶음과 일치), \d{1,3}은 마지막 숫자 묶음과 일치한다.

✅ (\d{1,3}\.){4}는 앞서 사용한 패턴을 대체하지 못한다. 왜 그럴까?

💡 어떤 사용자들은 가독성을 높이고자 표현식 일부를 하위 표현식으로 묶기도 하는데, 앞서 나온 패턴을 (\d{1,3}\.){3}(\d{1,3})처럼 나타낸다. 이 방식은 규칙에 완벽하게 맞으며 실제 정규 표현식이 제대로 작동하는 데 부작용도 없다. 하지만 사용하는 정규 표현식 구현에 따라 성능 문제가 발생할 수는 있다.

하위 표현식으로 묶는 방식은 굉장히 중요하다. 그래서 한 가지 예제를 더 추가했다. 이 예제에서는 하위 표현식의 반복을 사용하지 않았다. 이 예제에서는 사용자 기록에서 연도를 일치시키려 한다.

예문

```
ID: 042
SEX: M
DOB: 1967-08-17
Status: Active
```

정규 표현식

```
19|20\d{2}
```

결과

```
ID: 042
SEX: M
DOB: 1967-08-17
Status: Active
```

분석

이 예제에서는 패턴을 써 네 자리 숫자로 이루어진 연도를 일치시켜야 했다. 더 정확한 결과를 얻고자 앞 두 자리 숫자는 명확하게 19와 20으로 정했다. |는 OR 연산자를 의미한다. 그러므로 19|20은 19 혹은 20과 일치하고, 따라서 19|20\d{2}는 19나 20으로 시작하는 네 자리 숫자와 일치해야 한다. 그런데 분명 의도한 대로 일치하지 않았다. 왜일까? OR(|) 연산자는 자신의 왼편과 오른편에 각각 무엇이 있는지 살펴보는데, 19|20\d{2}를 19 혹은 20\d{2}, 즉 \d{2} 역시 20으로 시작하는 표현의 일부로 여겼기 때문이다. 그래서 19와 일치하든지 20으로 시작하는 네 자리 연도와 일치할 텐데, 여기서는 19와 일치했다.

해결법은 19|20을 하위 표현식으로 묶는 것이다. 다음을 살펴보자.

예문

```
ID: 042
SEX: M
DOB: 1967-08-17
Status: Active
```

정규 표현식

```
(19|20)\d{2}
```

결과

```
ID: 042
SEX: M
DOB: 1967-08-17
Status: Active
```

분석

선택 사항이 모두 하위 표현식 안에 있으므로 OR(|) 연산자는 우리가 묶음 안에 있는 숫자 가운데 하나를 일치시키려 한다는 사실을 안다. 그래서 (19|20)\d{2}는 정확하게 1967과 일치하고, 19 혹은 20으로 시작하는 다른 네 자리 숫자와도 일치할 것이다. 지금으로부터 대략 백 년쯤 시간이 흐른 후에는, 21로 시작하는 연도와도 일치하도록 약간 수정할 필요가 있을 텐데, 이때는 패턴을 (19|20|21)\d{2}로 바꾸면 된다.

 이 장에서는 하위 표현식을 묶어서 사용하는 법만 다루었지만, 하위 표현식에는 매우 중요한 사용법이 하나 더 있다. 이에 대해서는 8장 "역참조 사용하기"에서 다룰 것이다.

중첩된 하위 표현식

하위 표현식을 중첩해(nest) 쓰기도 한다. 사실 하위 표현식은 다른 하위 표현식을 중첩하고 그 하위 표현식은 또 다른 하위 표현식을 중첩하기도 한다.

어떤 모습인지 알겠는가? 중첩되는 능력 덕분에 하위 표현식은 매우 강력한 표현도 만들 수 있다. 하지만 반대로 표현식을 뒤엉키게 해 읽거나 분석하기 어렵고, 그 복잡한 모습에 겁을 먹게 만들기도 한다. 하지만 사실 복잡해 보이도록 중첩된 하위 표현식은 거의 사용되지 않는다.

중첩된 하위 표현식을 어떻게 사용하는지 알아보고자 IP 주소 예제를 다시 살펴볼 것이다. 다음은 앞서 사용했던 패턴인데, 하위 표현식이 세 번 반복된 다음 마지막 숫자가 나타난다.

정규 표현식

(\d{1,3}\.){3}\d{1,3}

이 패턴은 뭐가 잘못되었을까? 문법은 잘못되지 않았다. IP 주소는 실제로 숫자 네 묶음으로 구성되었고, 각 묶음은 한 자리에서 세 자리 숫자이며 마침표로 구분한다. 형식도 맞고, 올바른 IP 주소도 찾아낼 것이다. 하지만 그뿐만 아니라 유효하지 않은 IP 주소까지 찾아낸다는 점이 문제다.

IP 주소는 4바이트로 구성되고, 12.159.46.200으로 나타나는 IP 주소는 바로 이 4바이트를 표현한 것이다. 따라서 IP 주소에서 숫자 네 묶음은 각각 한 바이트 값을 나타내고, 이 값의 범위는 0부터 255 사이에 속한다. 이는 IP 주소에 255보다 큰 숫자는 들어갈 수 없음을 의미한다. 하지만 앞서 본 패턴을 사용하면 345, 700, 999 같이 IP 숫자로 바르지 않은 숫자와도 일치한다.

 이 장은 매우 중요하다. 정규 표현식으로 우리가 예상한 결과를 일치시키는 일은 매우 쉽다. 하지만 우리가 원하지 않는 결과와 일치하지 않도록, 발생할 수 있는 상황을 모두 예상해 정규 표현식을 작성하는 일은 훨씬 어렵다.

유효한 값의 범위를 지정할 수 있으면 매우 좋겠지만, 정규 표현식은 문자를 일치시킬 뿐이지 문자가 의미하는 바에 대해서는 아무런 지식이 없다. 또 수학적 연산을 사용할 수도 없다. 우리가 할 수 있는 일이 있을까? 아마 있을 것이다. 정규 표현식을 만들려면 일치해야 할 것과 일치해서는 안 되는 것을 명확하게 정의해야 한다. 다음은 IP 주소를 구성하는 각 숫자 묶음을 유효한 조합으로 정의하는 규칙이다.

- 모든 한 자리 혹은 두 자리 숫자
- 1로 시작하는 모든 세 자리 숫자
- 2로 시작하면서 두 번째 자리 숫자가 0부터 4 사이인 모든 세 자리 숫자

- 25로 시작하면서 세 번째 자리 숫자가 0부터 5 사이인 모든 세 자리 숫자

위와 같이 순서대로 표현하면 실제로 패턴이 명확하게 작동한다. 다음 예제를 살펴보자.

예문

```
Pinging hog.forta.com [12.159.46.200]
with 32 bytes of data:
```

정규 표현식

```
(((25[0-5])|(2[0-4]\d)|(1\d{2})|(\d{1,2}))\.){3}(((25[0-5])|(2[0-4]\d)|
(1\d{2})|(\d{1,2})))
```

결과

```
Pinging hog.forta.com [12.159.46.200]
with 32 bytes of data:
```

분석

이 패턴은 제대로 동작하지만, 설명이 약간 필요하다. 이 패턴이 제대로 동작하는 이유는 하위 표현식이 연속해서 중첩되었기 때문이다. 하위 표현식 네 개가 중첩된 (((25[0-5])|(2[0-4]\d)|(1\d{2})|(\d{1,2}))\.)로 시작한다. (\d{1,2})는 한 자리 혹은 두 자리 숫자, 즉 0부터 99 사이의 숫자와 일치한다. (1\d{2})는 1로 시작하는 모든 세 자리 숫자(1 뒤에는 두 자리 숫자가 온다), 즉 100부터 199 사이의 숫자와 일치한다. (2[0-4]\d)는 200부터 249 사이의 숫자와 일치한다. (25[0-5])는 250부터 255 사이의 숫자와 일치한다. 여기에 나온 하위 표현식은 더 큰 하위 표현식으로 묶이고 이렇게 묶인 하위 표현식 사이에는 OR(|) 연산자가 위치한다. OR(|) 연산자를 통해 전부가 아니라 네 가지 하위 표현식 가운데 하나와만 일치한다. 숫자의 범위가 나온 다음에는 \.가 마침표(.)와 일치하고 이렇게 설정된 모든 숫자 범위와 \.를 또 다른 하위 표현식으로 묶어 {3}으로 세 번 반복한다. 마지막으로 IP 주소의 마지막 숫자와 일치하는 숫자 범위를 반복한다(이번에는 마지막에 \.가 없다). 네 묶음의 범위를 각각 0에서 255 사이로 제한하여 이 패턴은 실제로 올바른 IP 주소와는 일치하고 바르지 않은 주소는 거부한다.

앞에서 설명한 것처럼, 네 가지 표현식의 논리적 순서에도 의미가 있다. 다음을 확인해 보자.

예문

```
Pinging hog.forta.com [12.159.46.200]
with 32  bytes of data:
```

정규 표현식

```
((((\d{1,2})|(1\d{2})|(2[0-4]\d)|(25[0-5]))\.){3}((\d{1,2})|(1\d{2})|
-(2[0-4]\d)|(25[0-5]))
```

결과

```
Pinging hog.forta.com [12.159.46.200]
with 32 bytes of data:
```

분석

이번에는 마지막 0이 일치하지 않았다. 왜 그럴까? 패턴이 왼쪽에서 오른쪽으로 평가되므로, 일치하는 식이 네 개 있다면, 첫 번째 식을 시도하고, 두 번째 식을 시도하는 식으로 일치한다. 만약 패턴이 일치하면 다른 선택 사항은 시도되지 않는다. 이 예제에서 (\d{1,2})는 마지막 200의 20에 일치해서, 다른 옵션(여기에 필요한 마지막 (25[0-5]) 패턴을 포함해서)은 평가되지 않았다.

 이 정규 표현식에 기가 죽었을지도 모른다. 이런 정규 표현식을 이해하려면 하위 표현식을 분해한 후 하나씩 분석하고 이해해야 한다. 처음부터 무턱대고 문자를 하나하나 이해하려고 하기보다는 작은 하위 표현식에서 시작해 점점 더 큰 덩어리로 이해하는 편이 낫다. 그러면 보기보다 훨씬 덜 복잡하다.

요약

하위 표현식은 표현식에 있는 일부 표현식을 한데 묶을 때 사용하며, 괄호로 정의한다. 하위 표현식은 반복 메타 문자로, 정확히 반복하려는 패턴의 영역을 정하거나 'OR' 조건을 적절하게 정의하고 싶을 때 사용한다. 필요하다면 하위 표현식 안에 다른 하위 표현식을 중첩하기도 한다.

8장

역참조 사용하기

7장에서는 하위 표현식을 사용해 문자들을 집합으로 묶는 방법을 소개했다. 6장에서 다루었듯이 이렇게 묶는 이유는 주로 반복되는 패턴을 검색하는 작업을 통제하기 위함이다. 이 장에서는 하위 표현식에서 중요한 사용법을 하나 더 알아보겠다. 바로 역참조(backreferences)다.

역참조 이해하기

역참조가 언제 필요한지 이해하는 가장 좋은 방법은 예제를 보는 것이다. HTML 개발자는 웹 페이지에서 헤더 텍스트를 정의하고 만들고자, 헤더 태그를 사용한다. 헤더 태그는 <h1>부터 <h6>까지 있으며, 이에 대응하는 종료 태그를 함께 사용한다. 단계에 상관없이 헤더를 모두 찾아야 한다고 생각해 보자. 다음 예제를 보자.

예문

```
<body>
<h1>Welcome to my Homepage</h1>
Content is divided into two sections:<br/>
<h2>SQL</h2>
Information about SQL.
<h2>RegEx</h2>
Information about Regular Expressions.
</body>
```

정규 표현식

```
<[hH]1>.*<\/[hH]1>
```

결과

```
<body>
<h1>Welcome to my Homepage</h1>
Content is divided into two sections:<br/>
<h2>SQL</h2>
Information about SQL.
<h2>RegEx</h2>
Information about Regular Expressions.
</body>
```

분석

<[hH]1>.*<\/[hH]1> 패턴은 첫 번째 헤더(<h1>부터 </h1>까지)와 일치하고, HTML
은 대소문자를 가리지 않으므로 <h1>과도 일치할 것이다. 하지만 여섯 개 수준의
헤더를 모두 썼을지도 모르는데, 여기 쓰인 헤더를 모두 찾으려면 어떤 패턴을 써
야 할까?

직접 1을 적는 대신 다음처럼 간단히 범위를 적용하는 방법도 있다.

예문

```
<body>
<h1>Welcome to my Homepage</h1>
Content is divided into two sections:<br/>
<h2>SQL</h2>
Information about SQL.
<h2>RegEx</h2>
Information about Regular Expressions.
</body>
```

정규 표현식

```
<[hH][1-6]>.*?<\/[hH][1-6]>
```

결과

```
<body>
<h1>Welcome to my Homepage</h1>
Content is divided into two sections:<br/>
<h2>SQL</h2>
```

```
Information about SQL.
<h2>RegEx</h2>
Information about Regular Expressions.
</body>
```

분석

<[hH][1-6]>은 모든 헤더의 시작 태그(예제에서는 <h1>과 <h2>)와 일치하고, <\/[hH][1-6]>은 모든 헤더의 종료 태그와 일치하여 제대로 동작하는 것처럼 보인다.

 여기서 .*(탐욕적 수량자)이 아니라 .*?(게으른 수량자)를 사용했음에 유의하자. 5장 "반복 찾기"에서 설명했듯이, 별표(*) 같은 탐욕적 수량자를 쓴 <[hH][1-6]>.*<\/[hH][1-6]>은 두 번째 줄에 있는 <h1>에서 시작해 여섯 번째 줄에 있는 </h2> 사이의 모든 글자와 일치할 수도 있다. 이 문제는 게으른 수량자인 .*?를 대신 사용해 해결한다.

여기서 '일치한다'가 아닌 '일치할 수도 있다'고 한 이유는 지금과 같은 특정한 예제에서는 대개 탐욕적 수량자로도 원하는 결과를 얻을 수 있기 때문이다. 메타 문자 마침표(.)는 줄바꿈 문자와는 일치하지 않는데, 이 예제에는 각 헤더마다 줄이 따로 있다. 하지만 게으른 수량자를 사용하는 것이 나쁠 것도 없는 데다가 더 안전하기도 하다.

성공했을까? 아니다. 같은 패턴을 사용한 다음 예제를 살펴보자.

예문

```
<body>
<h1>Welcome to my Homepage</h1>
Content is divided into two sections:<br/>
<h2>SQL</h2>
Information about SQL.
<h2>RegEx</h2>
Information about Regular Expressions.
<h2>This is not valid HTML</h3>
</body>
```

정규 표현식

```
<[hH][1-6]>.*?<\/[hH][1-6]>
```

결과

```
<body>
<h1>Welcome to my Homepage</h1>
Content is divided into two sections:<br/>
<h2>SQL</h2>
Information about SQL.
<h2>RegEx</h2>
Information about Regular Expressions.
<h2>This is not valid HTML</h3>
</body>
```

분석

헤더 태그가 <h2>로 시작해 </h3>으로 끝나 올바른 형식이 아니지만, 패턴과 일치했다.

문제는 두 번째 태그(종료 태그)가 일치할 때 첫 번째 태그(시작 태그)가 어떤 텍스트인지 알 수 있는 정보가 없다는 점이다. 이런 경우에 역참조가 매우 유용해진다.

역참조로 찾기

헤더 문제는 잠시 후에 다시 다루기로 하자. 지금은 더 간단하지만, 역참조를 사용하지 않고는 절대 풀 수 없는 예제를 살펴볼 것이다.

한 문장이 있고, 이 문장 안에 반복해 나오는 문자, 바로 실수로 같은 단어를 두 번 입력한 오자를 모두 찾고 싶다고 가정해 보자. 두 단어가 일치하는지 알려면 먼저 나온 단어가 무엇인지 반드시 알고 있어야 한다. 역참조는 정규 표현식 패턴으로, 앞서 일치한 부분을 다시 가리킨다(이 경우에는 먼저 일치한 단어를 말한다).

가장 좋은 방법은 직접 사용해 보면서 이해하는 것이다. 다음 예제에는 반복해 나오는 단어가 세 가지 있고, 이 세 단어를 모두 찾아야 한다.

예문

```
This is a block of of text,
several words here are are
```

repeated, and and they
should not be.

정규 표현식

[ ]+(\w+)[ ]+\1

결과

This is a block of of text,
several words here are are
repeated, and and they
should not be.

분석

패턴이 제대로 동작하는 것 같다. 하지만 어떻게 동작하는 것일까? [ ]+는 공백이 하나 이상 연속되는 경우 일치하고, \w+는 영숫자 문자가 하나 이상 연속되는 경우 일치하며, [ ]+는 그 뒤에 공백이 있을 때 일치한다. 여기서 \w+를 괄호로 감싸 하위 표현식으로 만들었음에 주목하자. 반복해 일치시키려고 하위 표현식을 사용한 것이 아니다. 반복해서 일치하는 부분도 없다. 여기서는 나중에 일치한 부분을 사용할 수 있도록 표시하여 구별하고자 하위 표현식을 사용했다. 이 패턴에서 마지막 부분인 \1은 앞서 일치한 하위 표현식을 참조함을 의미하고, 따라서 (\w+)와 일치한 문자는 \1과도 일치한다.

 역참조라는 용어는 이런 항목들이 앞에 나온 표현을 역으로 가리킨다는 사실을 나타낸다.

\1은 정확히 무엇을 뜻할까? \1은 패턴에서 처음 사용한 하위 표현식과 일치한다는 뜻이다. \2는 두 번째, 그리고 \3은 세 번째 사용한 하위 표현식과 일치하는 식이다. 따라서 [ ]+(\w+)[ ]+\1은 앞서 나온 예제에서 보듯이 어떤 단어가 일치하고, 그다음에는 같은 단어가 반복해 나와야만 일치한다.

> ⚠️ 안타깝게도 역참조 문법은 정규 표현식 구현에 따라 크게 다르다. 자바스크립트는 역참조를 표시할 때 역슬래시(\)를 사용하는데(달러 기호($)를 사용해 치환하는 작업을 할 때는 예외다), 이는 vi 에디터에서도 사용한다. 펄은 달러 기호($)를 사용하므로 \1 대신 $1로 표시한다. 닷넷 정규 표현식은 일치한 정보를 포함하도록 이름이 Groups인 속성을 담은 객체를 반환하도록 한다. 따라서 match.Groups[1]은 C#에서 가장 먼저 일치하는 부분을 참조하며, match.Groups(1)은 비주얼 베이직 닷넷에서 가장 먼저 일치하는 부분을 참조한다. PHP는 이런 정보를 $matches라는 이름을 지닌 배열로 반환한다. 따라서 $matches[1]은 가장 먼저 일치하는 부분을 참조한다(정규 표현식 함수에 전달된 플래그(flag)에 따라 다르게 동작할 수도 있다). 자바와 파이썬은 group이라는 이름의 배열이 포함된 결과 객체(match object)를 반환한다.
>
> 구현에 대한 구체적인 정보는 부록 A "많이 쓰는 애플리케이션과 언어에서 활용하는 정규 표현식"에 수록하였다.

> 💡 역참조를 변수와 비슷하게 생각해도 된다.

이제 역참조를 어떻게 사용하는지 살펴보았으니, HTML 헤더 예제를 다시 보자. 역참조를 사용해서 짝이 맞지 않는 헤더 태그는 무시하고 시작 태그와 일치하는 종료 태그를 일치시키는 패턴을 만들 수 있다. 다음 예제를 보자.

예문

```
<body>
<h1>Welcome to my Homepage</h1>
Content is divided into two sections:<br/>
<h2>SQL</h2>
Information about SQL.
<h2>RegEx</h2>
Information about Regular Expressions.
<h2>This is not valid HTML</h3>
</body>
```

정규 표현식

```
<[hH]([1-6])>.*?<\/[hH]\1>
```

결과

```
<body>
<h1>Welcome to my Homepage</h1>
Content is divided into two sections:<br/>
<h2>SQL</h2>
Information about SQL.
<h2>RegEx</h2>
Information about Regular Expressions.
<h2>This is not valid HTML</h3>
</body>
```

분석

다시 일치하는 부분을 세 개 찾았다. 바로 <h1> 한 쌍과 <h2> 두 쌍이다. <[hH]([1-6])>이 모든 헤더 시작 태그와 일치한다는 점은 같고, 대신 [1-6]을 하위 표현식으로 만들었다. 이렇게 하면 헤더의 종료 태그 패턴인 <\/[hH]\1> 안에서 \1로 하위 표현식을 참조할 수 있다. ([1-6])은 하위 표현식이며, 숫자 1부터 6까지 일치한다. \1은 오직 하위 표현식에서 일치한 숫자와 일치하므로 <h2>This is not valid HTML</h3>은 일치하지 않는다.

> **!** 역참조는 참조하는 표현식이 하위 표현식일 때(그리고 하위 표현식으로 괄호로 감쌌을 때)만 동작할 것이다.

> **💡** 일치하는 부분을 참조하는 숫자는 주로 1로 시작한다. 많은 구현에서 0번째 참조라고 하면 표현식 전체를 가리킨다.

> **✓** 지금까지 살펴보았듯이, 하위 표현식은 \1은 첫 번째, \5는 다섯 번째 하는 식으로 상대적 위치로 참조된다. 이것은 일반적인 방식이지만, 이 문법에는 심각한 제약 사항이 하나 있다. 하위 표현식을 수정하거나 옮겨 하위 표현식 순서가 바뀌면 패턴이 깨질 수 있고, 하위 표현식을 추가하거나 삭제하면 문제를 해결하기가 훨씬 더 힘들어진다는 점이다.
>
> 이런 결점을 해결하고자 몇몇 새로운 정규 표현식 구현들은 '이름 붙여 저장하기' 기능을 지원하는데, 이 기능은 각 하위 표현식에 고유한 이름을 주어 상대적인 위치가 아니라 이 이름으로 하위 표현식을 참조하도록 한다. '이름 붙여 저장하기'는 널리 쓰이지 않고, 지원하는 구현마다 문법이 서로 다르기 때문에 이 책에서는 다루지 않는다. 하지만 만약 여러분이 닷넷처럼 이름을 붙여 저장하는 기능이 있는 환경을 쓴다면, 이 기능을 쓰는 것이 가장 좋다.

치환 작업 수행하기

지금까지 이 책에서 다룬 정규 표현식들은 모두 텍스트가 많을 때 원하는 텍스트를 검색하는 데 사용하는 것이었다. 실제로 앞으로 쓸 정규 표현식은 대부분 텍스트를 검색하는 패턴일 것이다. 하지만 정규 표현식은 검색만 할 수 있는 것이 아니다. 정규 표현식으로 강력한 치환 작업도 수행할 수 있다.

단순한 텍스트를 치환하는 데 정규 표현식은 필요 없다. 예를 들어 CA라는 요소를 모두 California로 치환하거나, MI를 Michigan으로 치환하는 일은 단연코 정규 표현식을 쓸 정도로 대단한 일이 아니다. 물론 그런 간단한 정규 표현식 작업이 가능하긴 하지만, 정규 표현식을 사용할 가치가 없는 데다가, 사실 우리가 사용할 수 있는 일반적인 문자열 처리 기능 가운데 아무거나[1] 사용하는 편이 더 간단하다.

정규 표현식을 써 치환하는 작업은 역참조와 함께 사용했을 때 진가를 발휘한다. 다음은 5장에서 사용했던 예제다.

예문

```
Hello, ben@forta.com is my email address.
```

정규 표현식

```
\w+[\w\.]*@[\w\.]+\.\w+
```

결과

```
Hello, ben@forta.com is my email address.
```

분석

이 패턴은 텍스트 구역 안에서 이메일 주소를 분별해 낸다(5장에서 설명한 적이 있다).

하지만 만약 텍스트에 포함된 이메일 주소에 링크를 걸고 싶다면 어떻

---

1 (옮긴이) 일반 프로그래밍 언어나 애플리케이션에서 지원하는 문자열 바꾸기 기능을 말한다.

게 해야 할까? HTML에서는 `<a href="mailto:user@address.com">user@address.com</a>`를 써 클릭할 수 있는 이메일 주소를 만든다. 정규 표현식으로 이와 같은 이메일 주소를 클릭 가능한 주소 형식으로 바꿀 수 있을까? 물론 가능하다. 그것도 매우 간단하게 바꿀 수 있다. 역참조만 사용한다면 말이다.

예문

```
Hello, ben@forta.com is my email address.
```

정규 표현식

```
(\w+[\w\.]*@[\w\.]+\.\w+)
```

치환

```
<a href="mailto:$1">$1</a>
```

결과

```
Hello, <a href="mailto:ben@forta.com">ben@forta.com</a> is my email
address.
```

분석

치환 작업을 할 때는 정규 표현식이 두 개 필요하다. 하나는 원하는 부분을 일치시키는 패턴이고 다른 하나는 일치한 부분을 치환하는 데 사용할 패턴이다. 역참조는 서로 다른 패턴에서도 사용할 수 있으므로, 첫 패턴에서 일치한 하위 표현식을 두 번째 패턴에서도 썼다. `(\w+[\w\.]*@[\w\.]+\.\w+)`은 앞서 본 예제와 같은 패턴인데, 이번에는 이메일 주소를 찾아내며, 하위 표현식으로 만들었다. 이렇게 하면 일치한 텍스트를 치환 패턴에 사용할 수 있다. `<a href="mailto:$1">$1</a>`에서 일치하는 하위 표현식을 두 번 사용하는데, 한 번은 href 속성 값인 mailto:를 정의할 때, 다른 한 번은 클릭할 수 있는 텍스트에 넣을 때 사용했다. 따라서 ben@forta.com이 `<a href="mailto:ben@forta.com">ben@forta.com</a>`가 되어 바로 우리가 원하던 결과가 나왔다.

> ⚠️ 앞서 언급했듯이, 정규 표현식 구현에 따라 역참조를 표시하는 방법을 바꿔야 한다. 자바스크립트 사용자는 앞서 사용한 역슬래시(\) 대신에 달러 기호($)를 써야 한다.

이 예제에서 보았듯이, 하위 표현식은 역참조를 사용해 필요한 만큼 여러 번 참조될 수 있다.

예제를 하나 더 살펴보자. 사용자 정보를 저장하는 데이터베이스에 전화번호가 313-555-1234 형식으로 저장되어 있다. 하지만 이 전화번호를 (313) 555-1234 같은 형식으로 변환해야 한다. 다음 예제를 보자.

예문

```
313-555-1234
248-555-9999
810-555-9000
```

정규 표현식

```
(\d{3})(-)(\d{3})(-)(\d{4})
```

치환

```
($1) $3-$5
```

결과

```
(313) 555-1234
(248) 555-9999
(810) 555-9000
```

분석

여기서 다시 정규 표현식 패턴을 두 개 사용했다. 첫 번째 표현식이 훨씬 복잡해 보이니 한번 찬찬히 분해해 보자. (\d{3})(-)(\d{3})(-)(\d{4})는 전화번호와 일치하는데, 각 부분을 독립적으로 만들고자 전화번호를 다섯 부분으로 쪼갰다. (\d{3})은 첫 하위 표현식으로 처음 세 자리 숫자와 일치하고, (-)는 두 번째 하위 표현식으로 -와 일치하는 식이다. 결론은 전화번호를 다섯 부분으로 나눴고, 각 부분은 하위 표현식이라는 것인데, 이 하위 표현식들은 지역번호, 하이픈, 처음 세 자리 숫자, 다시 하이픈, 마지막 네 자리 숫자를 가리킨다. 다섯 부분은 필요에 따라 개별적으로 사용할 수 있으므로 ($1) $3-$5는 하위 표현식을 세 개만 쓰고 두 개는 무시해 간단하게 숫자 형식을 바꾼다. 결과적으로 313-555-1234는 (313) 555-1234가 되었다.

> 텍스트 형식을 바꿔야 할 때는 해당 텍스트를 여러 조각의 하위 표현식으로 작게 나누는 편이 유용할 때가 많다. 이렇게 하면 텍스트를 세밀하게 다룰 수 있는 여지가 더 커진다.

대소문자 변환하기

몇몇 정규 표현식 구현에서는 표 8.1에 나열된 메타 문자를 써서 텍스트를 변환하도록 지원한다.

메타 문자	설명
\E	\L 혹은 \U 변환의 끝을 나타낸다.
\l	다음에 오는 글자를 소문자로 변환한다.
\L	\E를 만날 때까지 모든 문자를 소문자로 변환한다.
\u	다음에 오는 글자를 대문자로 변환한다.
\U	\E를 만날 때까지 모든 문자를 대문자로 변환한다.

표 8.1 대소문자 변환 메타 문자

\l과 \u는 바꾸고 싶은 글자 앞에 두어 각각 그 글자를 소문자와 대문자로 바꾼다. \L과 \U는 \E를 만날 때까지 모든 문자를 각각 소문자와 대문자로 변환한다.

다음은 간단한 예제다. <h1> 태그로 감싸인 텍스트를 대문자로 변환한다.

예문

```
<body>
<h1>Welcome to my Homepage</h1>
Content is divided into two sections:<br/>
<h2>SQL</h2>
Information about SQL.
<h2>RegEx</h2>
Information about Regular Expressions.
<h2>This is not valid HTML</h3>
</body>
```

정규 표현식

(<[Hh]1>)(.*?)(<\/[Hh]1>)

치환

$1\U$2\E$3

결과

```
<body>
<h1>WELCOME TO MY HOMEPAGE</h1>
Content is divided into two sections:<br/>
<h2>SQL</h2>
Information about SQL.
<h2>RegEx</h2>
Information about Regular Expressions.
<h2>This is not valid HTML</h3>
</body>
```

분석

(<[Hh]1>)(.*?)(<\/[Hh]1>) 패턴은 헤더를 세 부분, 즉 시작 태그, 텍스트, 종료 태그로 나눈다. 두 번째 패턴은 이 텍스트들을 다시 합치는데, $1은 시작 태그와 일치하고, \U$2\E는 헤더 텍스트인 두 번째 하위 표현식과 일치한 다음 이 텍스트를 대문자로 변환하며, $3은 종료 태그와 일치한다.

요약

하위 표현식은 문자 집합이나 표현식을 정의하는 데 쓴다. 7장에서 봤듯이 하위 표현식은 일치한 부분을 반복해 찾는 작업에 사용할 수도 있고, 패턴 안에 참조될 수도 있다. 이런 참조를 역참조라고 부른다. 안타깝게도, 역참조 구문은 구현마다 차이가 있다. 역참조는 텍스트를 검색하고(match) 치환하는 데 매우 유용하다.

9장

전방탐색과 후방탐색

지금까지 사용한 표현식들은 모두 일치하는 텍스트를 가지고 있었지만, 가끔은 텍스트 자체를 찾기보다는 어디서 텍스트를 찾을지를 표시하는 데 표현식을 쓰고 싶을 때도 있다. 그러려면 **전후방탐색**(lookaround)을 써야 하는데, 이 장에서 이 기능을 살펴보자.

전후방탐색 살펴보기

예제로 시작하자. 여기서는 웹 페이지에서 제목을 추출해야 한다고 가정한다. HTML 페이지 제목은 HTML 코드에서 <head> 구역 내의 <title>과 </title> 태그 사이에 있다. 다음 예제를 보자.

예문

```
<head>
<title>Ben Forta's Homepage</title>
</head>
```

정규 표현식

```
‹[tT][iT][tT][1l][oE]›.*‹\/[tT][iI][tT][lL][cE]›
```

결과

```
<head>
```

```
<title>Ben Forta's Homepage</title>
</head>
```

분석

<[tT][iI][tT][lL][eE]>.*<\/[tT][iI][tT][lL][eE]>는 시작 태그 <title>, 종료 태그 </title>, 또 그 사이에 있는 텍스트는 어느 것이나 일치하며, 태그는 대소문자를 구별하지 않고, 둘 다 섞여 있어도 상관없다. 제대로 동작한다.

그런데 정말 그럴까? 필요한 건 제목 텍스트뿐이었지만, 실제로는 시작 태그 <title>와 종료 태그 </title>도 들어 있었다. 제목 텍스트만 얻을 수는 없을까?

한 방법으로 하위 표현식(7장 "하위 표현식 사용하기" 참조)을 쓸 수도 있다. 이 방법을 써서 우리는 패턴을 시작 태그, 텍스트, 종료 태그, 이렇게 세 부분으로 나누어 결과를 얻을 수 있다. 이렇게 여러 조각으로 나누어 원하는 부분을 얻기는 어렵지 않다.

하지만 이 방법을 사용하면, 원하지 않는 결과까지 얻게 되고, 이 부분은 수동으로 없애야 한다는 점이 걸린다. 반환하지 않는 일치를 포함하는 패턴을 구성하는 것, 즉 정확한 일치 지점을 찾는 데는 사용되지만 진짜 일치의 일부로는 사용되지 않는 어떤 것이 필요하다. 다시 말해 **전후방탐색**(lookaround)이 필요하다.

 이 장에서는 **전방탐색**과 **후방탐색**을 모두 다룬다. 전방탐색은 모든 주요 정규 표현식 구현에서 지원하지만, 후방탐색은 광범위하게 지원하지 않는다. 자바, 닷넷, PHP, 파이썬, 펄에서는 몇 가지 제약이 있지만 후방탐색을 지원한다. 자바스크립트에서는 지원하지 않는다.

전방탐색 — 앞으로 찾기

전방탐색(lookahead) 패턴은 일치 영역을 발견해도 그 값을 반환하지 않는 패턴을 말한다. 전방탐색은 실제로는 하위 표현식이며, 하위 표현식과 같은 형식으로 작성한다. 전방탐색 패턴의 구문은 ?=로 시작하고 등호(=) 다음에 일치할 텍스트가 오는 하위 표현식이다.

> 💡 일부 정규 표현식 문서에서는 일치하는 영역을 반환하는 동작을 표현할 때 '소
> 비한다(consume)'라는 용어를 쓴다. 이럴 경우 전방탐색은 '소비하지 않는다
> (not consume)'고 말한다.

다음 예제를 보자. 본문에는 URL 목록이 있고, 우리는 각 URL에서 프
로토콜의 위치를 추출해야 한다(아마도 URL을 어떻게 처리해야 하는지
아는 데 필요할 것이다).

예문

```
http://www.forta.com/
https://mail.forta.com/
ftp://ftp.forta.com/
```

정규 표현식

```
.+(?=:)
```

결과

```
http://www.forta.com/
https://mail.forta.com/
ftp://ftp.forta.com/
```

분석

여기에 나열한 URL들에서 프로토콜은 콜론(:)을 기준으로 호스트 이름과 분리되
어 있다. .+ 패턴은 모든 텍스트(첫 번째로 일치하는 텍스트는 http다)와 일치하
고, 하위 표현식 (?=:)는 콜론(:)과 일치한다. 그런데 여기서 콜론(:)은 일치하지 않
은 것으로 나타남을 눈여겨 봐야 한다. ?=는 정규 표현식 엔진에게 콜론(:)을 찾되
콜론(:) 앞에 있는 문자를 탐색하라고(그리고 콜론(:)을 소비하지는 말라고) 지시
한다.

?=가 어떻게 동작하는지 더 잘 이해하고자 같은 예제에서 전방탐색 메
타 문자를 뺐다.

예문

```
http://www.forta.com/
https://mail.forta.com/
ftp://ftp.forta.com/
```

정규 표현식

```
.+(:)
```

결과

http://www.forta.com/
https://mail.forta.com/
ftp://ftp.forta.com/

분석

하위 표현식 (:)은 정확하게 콜론(:)과 일치했지만, 일치한 텍스트를 소비했다.

두 예제에서 처음 패턴은 콜론(:)을 찾고자 (?=:)를 썼고, 다음 패턴은 (:)을 썼다는 차이가 있다. 두 패턴 모두 프로토콜 다음에 나오는 콜론 (:)을 찾지만, 일치한 콜론(:)을 검색 결과에 포함시키는지 아닌지가 다르다. 전방탐색을 사용하면 정규 표현식 분석기는 콜론(:)과 일치하는 지점 앞쪽에서 분석을 진행하지만 콜론(:) 자체를 찾은 결과로 처리하지는 않는다. 패턴 .+(:)는 콜론(:)까지 포함해 텍스트를 찾는다. .+(?=:)도 콜론(:)까지 찾긴 하지만, 콜론(:)을 결과에 포함하지 않는다.

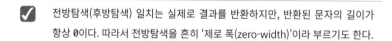 전방탐색(후방탐색) 일치는 실제로 결과를 반환하지만, 반환된 문자의 길이가 항상 0이다. 따라서 전방탐색을 흔히 '제로 폭(zero-width)'이라 부르기도 한다.

💡 모든 하위 표현식 앞쪽에 단순히 ?=를 붙이기만 하면 전방탐색 표현으로 바꿀 수 있다. 하나의 검색 패턴 속에서 여러 개의 전방탐색 표현식을 사용할 수 있고, 또한 그 표현식은 패턴 안에서 어느 위치에서든 사용할 수 있다. 앞에서 본 예제처럼 하위 표현식의 제일 앞에 오지 않아도 된다.

후방탐색 — 뒤로 찾기

앞서 본 것처럼, ?=는 앞으로 탐색한다. 일치하는 텍스트 다음에 무엇이 오는지 찾고, 발견한 텍스트 자체는 소비하지(consume) 않는다. 따라서 ?=는 **전방탐색** 연산자라고 부른다. 많은 정규 표현식 구현에서 전방탐색과 더불어 후방탐색(lookbehind) 기능도 지원한다. 텍스트를 반환하기 전에 탐색하는 작업은 뒤쪽을 탐색하기도 포함한다. **후방탐색** 연산자는 ?<=이다.

 ?=와 ?<=를 구별하는 데 도움이 필요한가? 각각을 구별해 기억하는 방법을 알려주겠다. 뒤쪽[1]을 가리키는 화살표(여는 꺾쇠(<))가 있는 명령이 **후방탐색**이다.

?<=는 ?=와 사용 방법이 같다. 즉, 하위 표현식 안에서 사용하고, 일치할 텍스트 앞에 온다. 다음 예제는 데이터베이스의 제품 목록에서 가격만 필요할 경우다.

예문

```
ABC01: $23.45
HGG42: $5.31
CFMX1: $899.00
XTC99: $69.96
Total items found: 4
```

정규 표현식

```
\$[0-9.]+
```

결과

```
ABC01: $23.45
HGG42: $5.31
CFMX1: $899.00
XTC99: $69.96
Total items found: 4
```

---

1 (옮긴이) 여기서 뒤쪽은 글을 읽는 방향의 반대 방향을 말한다.

분석

\$는 달러 기호($)와 일치하고, [0-9.]+는 가격과 일치한다.

잘 동작한다. 하지만 달러 기호($)가 필요 없다면 어떻게 해야 했을까?
그냥 \$를 패턴에서 제외하면 될까?

예문

```
ABC01: $23.45
HGG42: $5.31
CFMX1: $899.00
XTC99: $69.96
Total items found: 4
```

정규 표현식

```
[0-9.]+
```

결과

```
ABC01: $23.45
HGG42: $5.31
CFMX1: $899.00
XTC99: $69.96
Total items found: 4
```

분석

딱 봐도 제대로 동작하지 않았다. 일치할 텍스트를 정할 때 \$를 써야 하지만, 검색
결과에 포함되지는 않아야 한다.

해결책은 바로, 다음에 나오는 후방탐색이다.

예문

```
ABC01: $23.45
HGG42: $5.31
CFMX1: $899.00
XTC99: $69.96
Total items found: 4
```

정규 표현식

```
(?<=\$)[0-9.]+
```

결과

```
ABC01: $23.45
HGG42: $5.31
CFMX1: $899.00
XTC99: $69.96
Total items found: 4
```

분석

제대로 동작한다. (?<=\$)는 달러 기호($)와 일치하지만 소비하지는 않고, 단지 앞에 달러 기호($)가 없는 가격만 반환한다.

예제에서 첫 번째와 마지막 표현식을 비교해 보자. \$[0-9.]+는 달러 기호($)와 이어 나오는 금액이 함께 일치한다. (?<=\$)[0-9.]+ 역시 달러 기호($)와 금액이 함께 일치한다. 검색을 수행하는 동안 어디에 위치하는가가 다른 게 아니라 결과 속에 무엇을 포함하는지가 다르다. 첫 번째 표현식은 달러 기호($)를 찾아서 결과에 포함시키지만, 마지막 표현식은 달러 기호($)를 찾아 정확하게 금액을 얻고, 결과에는 달러 기호($)를 포함시키지 않는다.

 전방탐색 패턴은 마침표(.)와 더하기(+)를 포함하여 텍스트의 길이를 다양하게 일치시킬 수 있으며, 매우 동적이다. 반대로 후방탐색 패턴은 보통 일치시킬 텍스트의 길이를 고정해야 한다. 거의 모든 정규 표현식 구현에는 이런 제약이 있다.

전방탐색과 후방탐색 함께 사용하기

이 장 처음에 HTML 제목을 일치시키는 문제에서 다음과 같이, 전방탐색과 후방탐색 명령을 함께 사용할 수 있다.

예문

```
<head>
<title>Ben Forta's Homepage</title>
</head>
```

정규 표현식

```
(?<=<[tT][iI][tT][lL][eE]>).*(?=<\/[tT][iI][tT][lL][eE]>)
```

결과

```
<head>
<title>Ben Forta's Homepage</title>
</head>
```

분석

제대로 동작한다. (?<=<[tT][iI][tT][lL][eE]>)는 후방탐색 작업으로 <title>과 일치하며, 소비하지는 않는다. (?=<\/[tT][iI][tT][lL][eE]>)도 같은 방식으로 </title>과 일치하며, 역시 소비하지는 않는다. 오직 제목 텍스트만 반환한다.

 이 예제에서 혼란을 방지하고자 첫 번째로 찾을 문자인 <를 이스케이프 하는 편이 바람직할 수도 있다. 즉, (?<=< 대신 (?<=\<로 써도 된다.

부정형 전후방탐색

지금까지 살펴봤듯이 후방탐색과 전방탐색은 반환할 텍스트의 위치, 즉 찾고자 하는 부분의 앞뒤를 특별히 지정하고 싶을 때 주로 사용한다. 이런 방법들을 **긍정형 전방탐색**과 **긍정형 후방탐색**이라고 한다. **긍정**(positive)이라는 말을 쓰는 이유는 실제로 일치하는 텍스트를 찾기 때문이다.

전후방탐색 중에서 **부정형**(negative) 전후방탐색은 비교적 덜 쓰는 방법이다. 부정형 전방탐색은 앞쪽에서 지정한 패턴과 일치하지 않는 텍스트를 찾고, 부정형 후방탐색도 이와 비슷하게, 뒤쪽에서 지정한 패턴과 일치하지 않는 텍스트를 찾는다.

혹시라도 제외를 나타내는 데 캐럿(^)을 사용하리라 기대했다면 틀렸다. 문법이 약간 다르다. 전후방탐색 명령에서 부정형을 나타낼 때는 등호(=) 대신 느낌표(!)를 사용한다. 표 9.1에서 모든 전후방탐색 명령을 볼 수 있다.

종류	설명
(?=)	긍정형 전방탐색
(?!)	부정형 전방탐색
(?<=)	긍정형 후방탐색
(?<!)	부정형 후방탐색

표 9.1 전후방탐색 명령

 대개 전방탐색을 지원하는 정규 표현식 구현은 긍정형과 부정형 전방탐색을 모두 지원한다. 마찬가지로 후방탐색을 지원하는 구현에서도 긍정형과 부정형 후방탐색을 모두 지원한다.

다음은 긍정형 후방탐색과 부정형 후방탐색 사이에는 어떤 차이가 있는지 알아보는 예제다. 예제 본문에 가격과 수량을 나타내는 숫자들이 있다. 우선 간단하게 가격만 얻을 것이다.

예문

```
I paid $30 for 100 apples,
50 oranges, and 60 pears.
I saved $5 on this order.
```

정규 표현식

```
(?<=\$)\d+
```

결과

```
I paid $30 for 100 apples,
50 oranges, and 60 pears.
I saved $5 on this order.
```

분석

앞서 본 예제와 매우 비슷하다. \d+는 하나 이상 연속된 숫자와 일치하고, (?<=\$)
는 후방탐색이며, \$로 이스케이프 한 달러 기호($)를 찾는다. 하지만 소비하지는
않는다. 따라서 수량을 제외한 가격 두 개가 일치했다.

이번에는 반대로 가격이 아니라 수량을 찾아보자.

예문

```
I paid $30 for 100 apples,
50 oranges, and 60 pears.
I saved $5 on this order.
```

정규 표현식

```
\b(?<!\$)\d+\b
```

결과

```
I paid $30 for 100 apples,
50 oranges, and 60 pears.
I saved $5 on this order.
```

분석

첫 번째 예와 같이, \d+는 숫자와 일치하지만, 이번에는 가격이 아닌 수량만 일치
했다. 표현식 (?<!\$)는 부정형 후방탐색으로, 앞에 달러 기호($)가 없는 숫자와만
일치한다. 등호(=)를 느낌표(!)로 바꾸어 부정형 후방탐색 패턴을 긍정에서 부정으
로 바꿨다.

여러분 가운데 부정형 후방탐색 예제에서 \b를 써 왜 단어 경계를 지정
했는지 궁금한 사람이 있을지 모르겠다. 같은 예제에서 경계를 빼고 그
이유를 알아보자.

예문

```
I paid $30 for 100 apples,
50 oranges, and 60 pears.
I saved $5 on this order.
```

정규 표현식

```
(?<!\$)\d+
```

결과

```
I paid $30 for 100 apples,
50 oranges, and 60 pears.
I saved $5 on this order.
```

분석

단어 경계가 없으면, $30에 있는 0도 일치한다. 왜 그럴까? 숫자 0 앞에 달러 기호 ($)가 없기 때문이다. 전체 패턴을 단어 경계로 감싸 이 문제를 해결했다.

요약

전방탐색과 후방탐색을 사용하면, 무엇을 반환할지 더 구체적으로 명시할 수 있다. 전후방탐색 명령어는 하위 표현식을 통해 텍스트의 위치를 지정하지만, 소비하지는 않는다. 일치하지만, 일치한 텍스트 자체에는 포함하지 않는다는 이야기다. 긍정형 전방탐색은 (?=)로 정의하고, 부정형 전방탐색은 (?!)로 정의한다. 몇몇 정규 표현식 구현에서는 (?<=)로 긍정형 후방탐색을 지원하고, (?<!)로 부정형 후방탐색을 지원한다.

10장

조건 달기

드물게 쓰는 기능이기는 하지만, 정규 표현식은 표현식 내에 조건 처리를 포함시킬 수 있다. 이 장에서는 이 부분에 대해 파헤쳐 보자.

왜 조건을 다는가?

(123)456-7890과 123-456-7890은 모두 올바른 미국 전화번호 형식이다. 1234567890, (123)-456-7890, (123-456-7890은 숫자의 수는 맞지만, 형식이 바르지 않다. 정규 표현식을 어떻게 작성해야 올바른 형식만 찾을 수 있을까? 간단한 문제는 아니다. 다음 해결법을 살펴보자.

예문

```
123-456-7890
(123)456-7890
(123)-456-7890
(123-456-7890
1234567890
123 456 7890
```

정규 표현식

```
\(?\d{3}\)?-?\d{3}-\d{4}
```

결과

123-456-7890
(123)456-7890
(123)-456-7890
(123-456-7890
1234567890
123 456 7890

분석

\(?는 여는 괄호가 없거나 하나인 경우에 일치한다. 이때 여는 괄호(()를 이스케이프 해야 함을 주목하자. \d{3}은 처음에 나오는 세 자리 숫자와 일치하며, \)?는 닫는 괄호가 없거나 하나인 경우에 일치한다. 그리고 -?는 하이픈이 없거나 하나인 경우에 일치하며, \d{3}-\d{4}는 하이픈으로 구분된 나머지 일곱 숫자와 일치한다. 이 패턴은 확실히 마지막 두 행과는 일치하지 않는다. 하지만 세 번째와 네 번째 행과는 일치하는데, 두 행 모두 바른 형식이 아니다. 세 번째 전화번호에는 닫는 괄호())와 하이픈(-)이 둘 다 있고, 네 번째는 괄호의 짝이 맞지 않는다.

\)?-?를 [\)-]?로 바꾸면, 오직 닫는 괄호())나 하이픈(-) 가운데 하나만 일치하여 세 번째 줄을 제거할 수 있지만, 네 번째 줄은 제거할 수 없다. 이 패턴은 여는 괄호(()가 있을 때만 닫는 괄호())와 일치해야 한다. 괄호 한 쌍이 없다면, 하이픈(-)을 찾아야 하는데, 이런 패턴은 조건 처리를 쓰지 않고는 구현할 수 없다.

 모든 정규 표현식 구현에서 조건 처리를 지원하지는 않는다.

조건 사용하기

정규 표현식 조건은 물음표(?)를 사용해 정의한다. 사실 우리는 이미 몇 가지 특정 조건을 알고 있다.

• 물음표(?)는 바로 앞에 문자나 표현식이 존재한다면, 그 문자 또는 표현식과 일치한다.

• ?=와 ?<=는 만약 존재한다면 앞(전방탐색)이나 뒤(후방탐색)의 텍스

트와 일치한다.

조건을 다는 구문 또한 물음표(?)를 사용하는데, 넣을 수 있는 조건이란 것이 방금 나열된 것과 동일하다는 점을 고려하면 놀라운 일이 아니다.

- 역참조를 사용하는 조건 처리
- 전후방탐색을 사용하는 조건 처리

역참조 조건

역참조 조건은 이전 하위 표현식이 검색에 성공했을 경우에만 다시 그 표현식을 검사한다. 무슨 이야기인지 모르겠다면, 다음 예제를 생각해 보자. 본문 안에 있는 `<img>` 태그를 모두 찾아야 하고, 링크 태그 `<a>`와 `</a>`로 감싸져 있을 때는 이 링크 태그까지 일치시켜야 한다.

　이런 조건을 표현하는 구문은 다음과 같다.

```
(?(backreference)true)
```

물음표(?)로 조건을 시작하고 괄호 안에 역참조를 지정한 다음, 역참조가 존재하는 경우에만 평가될 표현식이 바로 뒤에 나온다.

　다음 예제를 보자.

예문

```
<!-- Nav bar -->
<div>
<a href="/home"><img src="/images/home.gif"></a>
<img src="/images/spacer.gif">
<a href="/search"><img src="/images/search.gif"></a>
<img src="/images/spacer.gif">
<a href="/help"><img src="/images/help.gif"></a>
</div>
```

정규 표현식

```
(<[Aa]\s+[^>]+>\s*)?<[Ii][Mm][Gg]\s+[^>]+>(?(1)\s*<\/[Aa]>)
```

결과

```
<!-- Nav bar -->
<div>
<a href="/home"><img src="/images/home.gif"></a>
<img src="/images/spacer.gif">
<a href="/search"><img src="/images/search.gif"></a>
<img src="/images/spacer.gif">
<a href="/help"><img src="/images/help.gif"></a>
</div>
```

분석

이 패턴은 설명이 필요하다. `(<[Aa]\s+[^>]+>\s*)?`는 `<A>`나 `<a>` 시작 태그가 일치한다. 이때 속성이 있다면 속성도 함께 일치하며, 여기서 마지막에 있는 물음표는 이 패턴이 없어도 되고, 있다면 일치함을 의미한다. 그리고 나서 `<[Ii][Mm][Gg]\s+[^>]+>`는 `<img>` 태그를 대소문자 구별 없이, `<img>` 태그에 속한 속성도 모두 포함해 일치한다. `(?(1)\s*</[Aa]>)`는 조건으로 시작하는데, `?(1)`은 역참조 1(`<A>` 시작 태그)이 있을 때만 수행하라는 말이다. 다른 말로, 태그 `<A>`와 일치한다면 그 뒤의 종료 태그도 일치시키라는 뜻이다. 만약 (1)이 있다면, `\s*</[Aa]>`는 `</A>`가 나오기 전까지 모든 문자를 일치 영역에 넣어 준다.

 `?(1)`은 역참조 1이 있는지 없는지 검사한다. 역참조 번호(예제에서는 1)를 조건에서 이스케이프 할 필요는 없다. 즉, `?(1)`이 맞고, `?(\1)`은 잘못된 것이다. 그렇지만 후자도 동작한다.

앞서 사용한 `(?(1)\s*<\/[Aa]>)` 패턴은 조건이 충족되었을 때만 수행된다. 조건은 else 표현식을 써서 나타낼 수도 있는데, else 표현식은 역참조가 존재하지 않을 경우에만 수행되는 표현식을 말한다. 이 조건을 나타내는 문법은 다음과 같다.

`(?(backreference)true|false)`

이 문법은 조건을 만족하는지 아닌지를 판단해 표현식을 수행한다.

이 문법을 써서 앞서 나온 전화번호와 관련된 문제를 다음과 같이 해결할 수 있다.

예문

```
123-456-7890
(123)456-7890
(123)-456-7890
(123-456-7890
1234567890
123 456 7890
```

정규 표현식

```
(\()?\d{3}(?(1)\)|-)\d{3}-\d{4}
```

결과

```
123-456-7890
(123)456-7890
(123)-456-7890
(123-456-7890
1234567890
123 456 7890
```

분석

이 패턴은 제대로 동작하는 것 같다. 어째서일까? 99쪽에 있는 예제에서 사용한 패턴과 마찬가지로 (\()?는 여는 괄호가 있는지 검사하지만, 이번에는 괄호로 감싸 그 결과를 하위 표현식으로 만들었다. \d{3}은 숫자 세 개로 이루어진 지역번호와 일치한다. (?(1)\)|-)는 조건을 만족하는지에 따라 닫는 괄호()) 혹은 하이픈(-)과 일치한다. 만약 (1)이 있다면 (다시 말해 여는 괄호가 있다면), \)와 일치하고, 없다면 하이픈(-)과 일치한다. 이런 식으로 괄호는 항상 짝을 이뤄야 하고, 지역번호와 숫자를 구분하는 하이픈은 괄호가 없을 때만 일치한다. 그럼 네 번째 줄은 왜 일치했을까? 여는 괄호(()와 일치하는 쌍이 없으므로 관련 없는 텍스트로 간주되어 무시되었기 때문이다.

 조건을 달면 패턴이 매우 복잡해 보일 수 있고, 그렇기 때문에 문제가 발생했을 때 찾아 해결하기도 힘들다. 그래서 표현식을 작은 조각으로 나누고 그 조각들을 시험해 본 다음에 합치는 방법을 사용하는 편이 좋다.

전후방탐색 조건

전후방탐색 조건은 전방탐색과 후방탐색 명령이 성공했는지에 따라 표현식을 수행할지 결정한다. 전후방탐색 조건 문법은 역참조(괄호 안에 넣는 숫자)가 완전히 전후방탐색 표현식으로 대체되었다는 점만 빼고는 역참조 조건과 동일하다.

 9장 "전방탐색과 후방탐색"을 보면 전후방탐색에 대한 자세한 내용을 알 수 있다.

미국 우편번호를 예로 들어 보자. 12345처럼 표현된 다섯 자리 ZIP이거나 12345-6789처럼 표현된 ZIP+4 코드다. 하이픈은 오직 뒤에 숫자 네 개가 더 있을 때만 사용한다. 다음을 보자.

예문
```
11111
22222
33333-
44444-4444
```

정규 표현식
```
\d{5}(-\d{4})?
```

결과
```
11111
22222
33333-
44444-4444
```

분석

\d{5}는 첫 다섯 자리 숫자와 일치하고 (-\d{4})?는 하이픈과 네 자리 숫자로 이루어진 문자열이 있다면 일치한다.

하지만 형식이 잘못된 우편번호는 제외하고 찾으려 한다면 어떻게 해야 할까? 결과에서 세 번째 줄을 보면 없어야 할 하이픈이 붙어 있다. 앞의 패턴은 하이픈을 제외하고 숫자와 일치하였지만, 잘못된 형식이라서 전체 ZIP 코드와 일치하지 않게 하려면 어떻게 해야 할까?

이번 예제는 조금 억지스럽지만, 전후방탐색 조건을 설명하기에는 좋다. 한번 살펴보자.

예문

```
11111
22222
33333-
44444-4444
```

정규 표현식

```
\d{5}(?(?=-)-\d{4})
```

결과

```
11111
22222
33333-
44444-4444
```

분석

\d{5}는 앞부분에 있는 다섯 자리 숫자와 일치한다. 그리고 나서 (?(?=-)-\d{4}) 같은 형태를 한 조건이 나타난다. 이 조건은 전방탐색 ?=-를 써 하이픈을 찾아내지만, 소비하지는 않는다. 그리고 하이픈이 있다는 조건을 만족하면, -\d{4}는 그 하이픈과 이어 나오는 숫자 네 개와 일치한다. 이 방법을 쓰면 33333-은 일치하지 않는다. 하이픈이 있어서 조건은 만족하지만, 뒤에 숫자 네 개가 이어지지 않기 때문이다.

전방탐색과 후방탐색(긍정형과 부정형)은 조건으로 사용할 수도 있고, else 표현식(앞에서 봤던 '| 표현식'과 동일한 구문을 사용하여)으로도 사용할 수 있다.

 더 간단한 방법으로 비슷한 결과를 얻을 수 있으므로 긴후방탐색 조건은 자주 사용하지 않는다.

요약

조건을 충족하는지 아닌지에 따라 표현식을 수행하도록 정규 표현식 패턴에 조건을 달 수 있다. 조건은 역참조(역참조가 가리키는 하위 표현식의 존재를 확인한다)나 전후방탐색으로 설정할 수 있다.

11장

정규 표현식으로 해결하는
일반적인 문제들

이 장에서는 유용한 정규 표현식들을 상세한 설명과 함께 모아 놓았다. 이 장에서 다루는 목표는 두 가지다. 하나는 우리가 이 책에서 배운 것을 모두 현장에서 사용하는 예제를 통해 실습하며 정리하는 것이고, 다른 하나는 실제 사용할 수 있고 일반적으로 많이 쓰는 패턴들을 통해 여러분을 돕는 것이다.

> ✔️ 여기서 제시한 예제들이 현존하는 문제 상황에 대한 궁극적인 해결책은 아니다. 현재로써는 궁극적인 해결책 자체가 거의 존재하지 않는다는 점은 분명하다. 예측하지 못하는 상황을 얼마나 허용할 것인지에 따라 해결책이 여러 개인 경우가 훨씬 많고 패턴의 성능과, 주어진 상황에서 얼마나 많은 조건을 다룰지 설정하는 패턴의 범위 사이에는 항상 교환 조건(trade-off)이 존재한다. 이런 사실을 감안해 예제에서 사용한 패턴들을 자유롭게 사용하기 바란다. 필요하다면, 상황에 맞게 수정하기 바란다.

북미 전화번호

북미 번호 계획(The North American Numbering Plan)은 북미 시역의 전화번호 형식을 정의한다. 이 계획에 따라 미국, 캐나다, 카리브해 지역 대부분을 포함한 지역의 전화번호는 세 자리 숫자 지역번호(전분석으로는 번호 계획 지역(Numbering Plan Area, NPA)이라고 한다)가 먼저 나오고 세 자리 숫자 국번, 하이픈, 네 자리 숫자가 나오는 형식이다. 아무 숫자나 전화번호로 쓸 수 있지만, 두 가지 예외가 있다. 지역번호와 국번은 0이나 1로 시작할 수 없다. 지역번호는 주로 괄호로 감싸기도 하고 실제 전화번호와 하이픈으로 구분하기도 한다. (555) 555-5555나 (555)555-5555 혹은 555-555-5555 가운데 하나와 일치하는 건 쉽지만, 필요한 전화번호를 추측하여 이들 중 하나와 일치시키려면 약간 더 머리를 써야 한다.

예문

```
J. Doe: 248-555-1234
B. Smith: (313) 555-1234
A. Lee: (810)555-1234
```

정규 표현식

```
\(?[2-9]\d\d\)?[ -]?[2-9]\d\d-\d{4}
```

결과

```
J. Doe: 248-555-1234
B. Smith: (313) 555-1234
A. Lee: (810)555-1234
```

분석

어색해 보이지만 패턴은 \(?로 시작한다. 여기서 여는 괄호는 있어도 되고 없어도 됨을 의미한다. \(는 (와 일치하고 ?는 여는 괄호(()가 없는 경우나 여는 괄호 하나와 일치한다. [2-9]\d\d는 세 자리 지역번호와 일치하며, 첫 번째 숫자는 2에서 9 사이여야 한다. \)?는 닫는 괄호가 없는 경우나 닫는 괄호 하나와 일치한다. [-]?는 공백 문자나 하이픈 한 개와 일치한다. [2-9]\d\d-\d{4}는 전화번호의 나머지 부분과 일치한다. 세 자리 숫자 국번에서 첫 번째 숫자는 2에서 9 사이여야 하며, 이 국번 다음에 하이픈, 네 자리 숫자가 순서대로 이어진다. 이 패턴은 555.555.5555와 같은 다른 형태를 한 번호도 다룰 수 있도록 쉽게 수정할 수 있다.

예문

```
J. Doe: 248-555-1234
```

```
B. Smith: (313) 555-1234
A. Lee: (810)555-1234
M. Jones: 734.555.9999
```

정규 표현식

```
[\(.]?[2-9]\d\d[\).]?[ -]?[2-9]\d\d[-.]\d{4}
```

결과

```
J. Doe: 248-555-1234
B. Smith: (313) 555-1234
A. Lee: (810)555-1234
M. Jones: 734.555.9999
```

분석

시작 부분을 일치시키고자 [\(.]? 패턴을 적용했고, 집합 뒤에 ?를 썼다. 이 패턴으로 여는 괄호(()나 마침표(.)가 있는지 검사한다. 이와 비슷하게, [\).]?는 닫는 괄호())나 마침표(.)가 있는지 검사하며, 둘 다 있어도 되고 없어도 된다. [-.]는 하이픈(-)이나 마침표(.)가 오는지 검사한다. 다른 형태로 된 전화번호도 이렇게 쉽게 추가할 수 있다.

미국 우편번호

미국에서 우편번호는 1963년에 도입되었다(미국에서 우편번호를 뜻하는 ZIP은 **Zone Improvement Plan**(지역 개선 계획)의 약자다). 미국의 지역번호는 현재 40,000개 이상이며 모두 숫자로 이루어지는데, 최초의 숫자는 동부에서 시작해 서부로 할당하였다. 0은 동해안, 9는 서해안에서 사용하는 것이다. 1983년에 우체국에서는 ZIP+4라고 부르는 확장된 우편번호를 쓰기 시작했다. 숫자 네 개를 추가하여 더 구체적인 위치(주로 특정 도시 구역이나, 특정 건물)를 제공하는데, 이로 인해 배달의 정확도가 더 높아졌다. ZIP+4는 사용할 때도 있고 그렇지 않을 때도 있기 때문에, 우편번호 유효성 검사를 하려면 다섯 자리 숫자 우편번호와 ZIP+4 양쪽을 함께 확인할 수 있어야 한다. 앞에 있는 다섯 자리 숫자와 추가된 네 자리 숫자는 하이픈으로 구분한다.

예문

```
999 1st Avenue, Bigtown, NY, 11222
123 High Street, Any City, MI 48034-1234
```

정규 표현식

```
\d{5}(-\d{4})?
```

결과

```
999 1st Avenue, Bigtown, NY, 11222
123 High Street, Any City, MI 48034-1234
```

분석

\d{5}는 다섯 자리 숫자와 일치하고, -\d{4}는 하이픈과 다음에 이어지는 네 자리 숫자와 일치한다. 추가된 네 자리 숫자는 있을 수도 있고 없을 수도 있으므로 -\d{4}는 괄호로 둘러싸고, 다시 말해 하위 표현식으로 변환하고, ?를 사용해 네 자리 숫자가 있는 경우 일치하도록 설정한다.[1]

캐나다 우편번호

캐나다 우편번호는 문자 여섯 개로 구성되며, 문자와 숫자가 번갈아 가면서 나온다. 처음에 연속해 나오는 문자와 세 자리 숫자는 **전달 분류 지역**(Forward Sortation Area, FSA)을 나타내고, 두 번째에 연속해 나오는 문자와 숫자 세 개는 **지역 배달 구역**(Local Delivery Unit, LDU)을 나타낸다. 전달 분류 지역에서 첫 번째 글자는 주(州)를 나타내는데, 18개 문자만이 유효하다. A는 뉴펀들랜드앤래브라도(Newfoundland and Labrador) 주, B는 노바스코샤(Nova Scotia) 주, K, L, N, P는 토론토(Toronto)를 제외한 온타리오(Ontario) 주, 토론토는 M 등을 나타내는 식이다. 그러므로 유효성을 검사할 때는 반드시 이 문자가 유효한지도 확인해야 한다. 캐나다 우편번호는 일반적으로 전달 분류 지역과 지역

---

1 (옮긴이) 눈치챈 사람도 있겠지만, 미국 우편번호 예제는 9장 "전후방탐색"에서도 다뤘다. 여기서는 9장에서 미흡하다고 한 예제를 사용했다. 여러 번 설명했듯이, 틀린 정규 표현식은 없다. 얼마나 정교한지가 다를 뿐이다. 더 정교한 정규 표현식을 사용하고 싶다면, 9장 "전후방탐색"에 나왔던 예제를 사용해도 좋다. 하지만 조금 과한 느낌은 있다.

배달 구역을 빈칸으로 구분한다.

예문

123 4th Street, Toronto, Ontario, M1A 1A1
567 8th Avenue, Montreal, Quebec, H9Z 9Z9

정규 표현식

[ABCEGHJKLMNPRSTVXY]\d[A-Z] \d[A-Z]\d

결과

123 4th Street, Toronto, Ontario, M1A 1A1
567 8th Avenue, Montreal, Quebec, H9Z 9Z9

분석

[ABCEGHJKLMNPRSTVXY]는 유효한 문자 18개 가운데 하나와 일치하고, \d[A-Z]는 한 자리 숫자와 바로 다음에 알파벳 A부터 Z 가운데 하나와 일치해 전달 분류 지역을 이루고, \d[A-Z]\d는 지역 배달 구역과 일치하는데, 한 자리 숫자와 바로 다음에 알파벳 A부터 Z 가운데 하나가 등장하고, 다시 한 자리 숫자로 이어진다.

 이 정규 표현식은 대소문자를 구별해서는 안 된다.

영국 우편번호

영국 우편번호는 다섯 자리, 여섯 자리, 일곱 자리이며, 숫자와 문자로 구성되며 영국체신공사에서 정한다. 우편번호는 두 부분으로 나뉘는데, 외부 우편번호와 내부 우편번호이다. **외부 번호**(outcode)와 **내부 번호**(incode)라고도 한다. 외부 번호는 한 자리나 두 자리로 이루어진 알파벳 문자가 오고, 이 뒤를 이어 한 자리나 두 자리 숫자가 온다. 또는 한 자리나 두 자리 문자 뒤에 한 자리 숫자와 한 자리 문자가 차례로 온다. 내부 번호는 항상 한 자리 숫자 뒤에 두 자리 문자가 온다 이때 C, I, K, M, O, V는 제외하는데, 이 문자들은 내부 번호에서 전혀 사용하지 않기 때문이다. 내부 번호와 외부 번호는 빈칸으로 구별한다.

예문

```
171 Kyverdale Road, London N16 6PS
33 Main Street, Portsmouth, P01 3AX
18 High Street, London NW11 8AB
```

정규 표현식

```
[A-Z]{1,2}\d[A-Z\d]? \d[ABD-HJLNP-UW-Z]{2}
```

결과

```
171 Kyverdale Road, London N16 6PS
33 Main Street, Portsmouth, P01 3AX
18 High Street, London NW11 8AB
```

분석

외부 번호는 [A-Z]{1,2}\d로 우선 한 자리 혹은 두 자리로 구성된 알파벳 문자가 나오고 바로 뒤에 있는 한 자리 숫자와 일치한다. [A-Z\d]?는 뒤로 영숫자 문자가 더 있다면, 이 영숫자 문자와 일치한다. 내부 번호는 \d[ABD-HJLNP-UW-Z]{2} 패턴을 써 일치시키는데, 우선 숫자 하나와 일치하고 바로 뒤에 허용된 알파벳 문자 두 개와 일치한다. 허용된 알파벳 문자란 A, B, D에서 H까지, J, L, N, P에서 U까지, W에서 Z까지를 말한다.

 이 정규 표현식은 대소문자를 구별해서는 안 된다.

미국 사회보장번호

미국 사회보장번호는 숫자로 구성되어 있으며, 세 묶음으로 나뉘는데, 각 부분은 하이픈으로 구분한다. 첫 부분은 세 자리 숫자로 구성되고, 두 번째 부분은 두 자리 숫자, 마지막 부분은 네 자리 숫자로 이루어진다. 1972년 이후로 첫 부분에 있는 세 자리 숫자는 신청서에 기재한 주소를 바탕으로 할당되었다.

예문

```
John Smith: 123-45-6789
```

정규 표현식

\d{3}-\d{2}-\d{4}

결과

John Smith: `123-45-6789`

분석

\d{3}-\d{2}-\d{4}는 어떤 숫자든 세 개와 일치하고, 그다음으로 하이픈, 두 자리 숫자, 하이픈, 마지막으로 네 자리 숫자 순으로 일치한다.

 숫자 조합 대부분을 사회보장번호로 사용할 수 있지만, 필요하다면 몇 가지 규칙을 사용해 일치되는 범위를 줄일 수 있다. 모든 항목이 0인 사회보장번호는 없으며, 첫 세 자리 숫자는 728보다 크지 않다(아직 이보다 큰 숫자를 할당하지 않았지만 미래에는 사용하게 될 것이다). 하지만 이 규칙을 패턴으로 작성하려면 매우 복잡하므로, 일반적으로는 간단하게 \d{3}-\d{2}-\d{4}를 사용한다.

IP 주소

IP 주소는 네 바이트(범위는 각각 0에서 255 사이다)로 이루어졌다. IP 주소는 숫자 네 묶음을 주로 마침표(.)로 구분해 표현한다.

예문

localhost is 127.0.0.1.

정규 표현식

(((25[0-5])|(2[0-4]\d)|(1\d{2})|(\d{1,2}))\.){3}(((25[0-5])|(2[0-4]\d)|
-(1\d{2})|(\d{1,2})))

결과

localhost is `127.0.0.1.`

분석

이 패턴은 중첩된 하위 표현식을 연속해서 쓴다. (((25[0-5])|(2[0-4]\d)|(1\d{2})|(\d{1,2}))\.) 패턴은 하위 표현식 네 개를 중첩한 하위 표현식 집합이

다. (\d{1,2})는 한 자리나 두 자리 숫자, 즉 0에서 99 사이의 숫자와 일치한다. (1\d{2})는 1로 시작하는 세 자리 숫자, 즉 100에서 199 사이의 숫자와 일치한다. (2[0-4]\d)는 200에서 249 사이의 숫자와 일치한다. (25[0-5])는 250에서 255 사이의 숫자와 일치한다. 각 하위 표현식은 OR(|) 문자로 다른 하위 표현식과 묶여 있으므로 네 하위 표현식이 모두 일치하는 게 아니라 하위 표현식 하나하고만 일치한다. 숫자 범위가 일치하면, \.가 마침표(.)와 일치하고, 여기까지 일치한 전체 내용은 다시 하위 표현식이 되어 {3} 패턴으로 세 번 반복한다. 마지막으로 숫자 범위가 한 번 더 나와(이번에는 마지막 \.를 생략한다) IP 주소 숫자와 일치한다. 이 패턴은 문자열의 형식이 숫자 네 묶음으로 구성되고, 각 묶음이 마침표로 구분되어 있는지 검증하고, 각 묶음의 숫자가 0에서 255 사이에 속하는지도 검증한다.

 IP 주소 예제는 7장 "하위 표현식 사용하기"에서 자세히 다뤘다.

URL

URL을 찾는 일은 복잡하지만 어느 수준까지 일치시켜야 하는지에 따라 달라질 수 있다. URL을 찾는 패턴을 작성할 때는 적어도 프로토콜(대부분 http나 https), 호스트 이름, 경우에 따라 포트 번호와 경로가 일치해야 한다.

예문

```
http://www.forta.com/blog
https://www.forta.com:80/blog/index.cfm
http://www.forta.com
http://ben:password@www.forta.com/
http://localhost/index.php?ab=1&c=2
http://localhost:8500/
```

정규 표현식

```
https?:\/\/[-\w.]+(:\d+)?(\/([\w\/_.]*)?)?
```

결과

```
http://www.forta.com/blog
https://www.forta.com:80/blog/index.cfm
http://www.forta.com
```

```
http://ben:password@www.forta.com/
http://localhost/index.php?ab=1&c=2
http://localhost:8500/
```

분석

https?:\/\/에서 물음표는 s가 있다면 s 하나와 일치한다는 뜻이니 http://나 https://와 일치한다. [-\w.]+는 호스트 이름과 일치한다. (:\d+)?는 두 번째와 여섯 번째 URL과 같이 포트 번호가 있을 경우 일치한다. (\/([\w\/_.]*)?)?는 경로와 일치하는데, 바깥쪽 하위 표현식은 슬래시(/)가 존재한다면 슬래시(/) 하나와 일치하고, 안쪽 하위 표현식은 경로 자체와 일치한다. 예제에서 보듯이 이 패턴으로는 쿼리 문자열을 다룰 수 없고, '내장된 사용자명:암호' 묶음을 제대로 처리하지 못한다. 하지만 호스트 이름, 포트 번호, 경로로 이루어진 URL 대부분은 제대로 처리한다.

✔️ 이 정규 표현식은 대소문자를 구별해서는 안 된다.

💡 ftp URL도 찾고 싶다면, https?를 (http|https|ftp)로 수정하면 된다. 다른 URL 형식도 필요하다면 같은 식으로 추가할 수 있다.

완전한 URL

한층 완전한(하지만 느린) 패턴으로 쿼리 문자열이 포함된 URL(변수 정보를 URL에 물음표(?)로 구별하여 전달)과 사용자 정보가 있을 때는 사용자 정보까지 일치시킬 수 있다.

예문

```
http://www.forta.com/blog
https://www.forta.com:80/blog/index.cfm
http://www.forta.com
http://ben:password@www.forta.com/
http://localhost/index.php?ab=1&c=2
http://localhost:8500/
```

정규 표현식

```
https?:\/\/(\w*:\w*@)?[-\w.]+(:\d+)?(\/([\w\/_.]*(\?\S+)?)?)?
```

결과

```
http://www.forta.com/blog
https://www.forta.com:80/blog/index.cfm
http://www.forta.com
http://ben:password@www.forta.com/
http://localhost/index.php?ab=1&c=2
http://localhost:8500/
```

분석

이 패턴은 앞서 나온 URL 예제로 실습한다. 이번에는 `https?:\/\/`에 이어 `(\w*:\w*@)?`가 나온다. 새로운 패턴은 예제에 있는 네 번째 URL 같이 사용자 이름과 암호가 포함된 경우도 검사하는데, 사용자 이름과 암호는 콜론(:)으로 구분하고 암호 마지막에 앳(@)이 붙는다. 경로 뒤에 추가된 `(\?\S+)?`는 쿼리 문자열과 일치하는데, 물음표(?)를 써 쿼리 문자열이 없는 경우에도 일치하도록 했다.

 이 정규 표현식은 대소문자를 구별해서는 안 된다.

 URL에서 본 예제 대신 항상 이 예제를 사용하면 되지 않을까? 성능을 보면, 이번 예제가 약간 더 복잡한 패턴이기 때문에 더 느리게 실행된다. 내장된 사용자 이름과 암호나 쿼리 문자열 같은 기능이 더 필요하지 않다면, 사용하지 않는 편이 좋다.

이메일 주소

정규 표현식은 이메일 주소를 검사하는 데 자주 사용된다. 하지만 간단해 보이는 이메일 주소를 검사하는 일은 결코 간단하지 않다.

예문

```
My name is Ben Forta, and my
email address is ben@forta.com.
```

정규 표현식

(\w+\.)*\w+@(\w+\.)+[A-Za-z]+

결과

My name is Ben Forta, and my
email address is ben@forta.com.

분석

(\w+\.)*\w+는 이메일 주소에서 사용자 이름 부분, 즉 앳(@) 앞쪽과 모두 일치한다.
(\w+\.)*는 마침표(.)로 끝나는 요소가 있다면 하나 이상 일치하고, \w+는 아이디
를 구성하는 데 필요한 텍스트와 일치한다(예를 들어 이 조합은 ben과 ben.forta
둘 다 일치한다). 앳(@)은 앳(@)과 일치한다. 그리고 (\w+\.)+는 마침표(.)로 끝나는
하나 이상의 요소와 일치하고, [A-Za-z]+는 최상위 도메인(com, edu, us, uk 등)과
일치한다.

올바른 이메일 주소를 완전하게 검사하는 일은 극도로 복잡하다. 이 패턴으로는
올바른 형식을 한 이메일 주소를 모두 검증할 수 없다. 예를 들어 이 패턴은 ben..
forta@forta.com과 일치하지만 사실은 올바르지 않다. 그리고 호스트 이름에 IP 주
소가 들어가는 경우, 실제로는 올바른 이메일 주소지만 일치하지 않는다. 그래도
이 패턴으로 대다수 이메일 주소를 검사할 수 있으므로 쓸모 있다.

 이메일 주소를 찾는 정규 표현식은 대체로 대소문자를 구별해서는 안 된다.

HTML 주석

HTML 페이지에서 주석은 <!--과 --> 태그 사이에 위치한다. 적어도
하이픈을 두 개 사용하는데, 더 많아도 상관은 없다. 주석 위치를 모두
찾을 수 있다면 웹 페이지 내용을 살펴보거나 디버깅하는 데 유용하다.

예문

```
<!-- Start of page -->
<html>
<!-- Start of head -->
<head>
```

```
<tile>My Title</title> <!-- Page title -->
</head>
<!-- Body -->
<body>
```

정규 표현식

```
<!-{2,}.*?-{2,}>
```

결과

```
<!-- Start of page -->
<html>
<!-- Start of head -->
<head>
<tile>My Title</title> <!-- Page title -->
</head>
<!-- Body -->
<body>
```

분석

<!-{2,}는 주석의 시작과 일치하는데, <! 뒤에 하이픈(-)이 두 개 이상 이어진다. 또 .*?는 주석의 예문(탐욕적이지 않다)과 일치한다. -{2,}>는 주석의 마지막과 일 치한다.

 이 정규 표현식은 하이픈이 두 개 이상 일치하므로 하이픈 세 개로 표현하는 CFML[2] 주석도 찾을 수 있다. 하지만 여기서 사용한 패턴은 주석을 열고 닫을 때 하이픈 개수를 일치시키지 않는다. 열고 닫을 때 하이픈의 수가 일치하지 않는 주석을 찾도록 좀 더 유용하게 개선할 수 있다.

자바스크립트 주석

자바스크립트를 포함해 액션스크립트나 다른 ECMA스크립트[3]에서 유 래한 스크립트 언어에서 주석은 //로 시작한다. 바로 앞에 본 예제처럼 모든 주석을 한번에 찾는 예제는 쓸모가 있다.

---

2 (옮긴이) 콜드퓨전 마크업 언어(ColdFusion Markup Language)
3 (옮긴이) *http://ko.wikipedia.org/wiki/ECMA스크립트*

예문

```
<script language="JavaScript">
// Turn off fields used only by replace
function hideReplaceFields() {
  document.getElementById('RegExReplace').disabled=true;
  document.getElementById('replaceheader').disabled=true;
}
// Turn on fields used only by replace
function showReplaceFields() {
  document.getElementById('RegExReplace').disabled=false;
  document.getElementById('replaceheader').disabled=false;
}
```

정규 표현식

```
\/\/.*
```

결과

```
<script language="JavaScript">
// Turn off fields used only by replace
function hideReplaceFields() {
  document.getElementById('RegExReplace').disabled=true;
  document.getElementById('replaceheader').disabled=true;
}
// Turn on fields used only by replace
function showReplaceFields() {
  document.getElementById('RegExReplace').disabled=false;
  document.getElementById('replaceheader').disabled=false;
}
```

분석

이번엔 매우 단순한데, \/\/.*는 //와 이어지는 주석 본문과 일치한다.

신용카드 번호

정규 표현식으로 신용카드 번호를 완전히 검증하지는 못한다. 마지막 검증 단계에는 항상 카드번호 저리 긴 기관과 상호작용이 필요하다. 하지만 어떤 데이터를 어느 곳으로든 보내기 전에 정규 표현식 검증으로 카드번호의 숫자가 너무 많거나 너무 적은 경우처럼 잘못된 숫자를 검출해 내는 데는 유용하다.

여기서 사용하는 모든 패턴은 빈칸이나 하이픈이 제거된 상태라고 가정한다. 정규 표현식 처리를 수행하기 전에 신용카드 번호에서 숫자가 아닌 부분을 제거하는 것도 좋은 연습이다.

신용카드에는 모두 간단한 숫자 매김 체계가 있는데, 몇 자리 특정 숫자를 필두로 나머지 숫자들이 따라온다. 마스터카드부터 시작해 보자.

예문

```
MasterCard: 5212345678901234
Visa 1: 4123456789012
Visa 2: 4123456789012345
Amex: 371234567890123
Discover: 601112345678901234
Diners Club: 38812345678901
```

정규 표현식

```
5[1-5]\d{14}
```

결과

```
MasterCard: 5212345678901234
Visa 1: 4123456789012
Visa 2: 4123456789012345
Amex: 371234567890123
Discover: 601112345678901234
Diners Club: 38812345678901
```

분석

마스터카드 번호는 열여섯 자리 숫자이고 첫 숫자는 항상 5이며, 두 번째 숫자는 1에서 5 사이다. 5[1-5]는 처음 두 자리 숫자와 일치하고, \d{14}는 다음에 오는 열네 자리 숫자와 일치한다.

비자는 좀 더 복잡하다.

예문

```
MasterCard: 5212345678901234
Visa 1: 4123456789012
Visa 2: 4123456789012345
```

```
Amex: 371234567890123
Discover: 601112345678901234
Diners Club: 38812345678901
```

정규 표현식

```
4\d{12}(\d{3})?
```

결과

```
MasterCard: 5212345678901234
Visa 1: 4123456789012
Visa 2: 4123456789012345
Amex: 371234567890123
Discover: 601112345678901234
Diners Club: 38812345678901
```

분석

비자 번호는 4로 시작하고 열세 자리나 열여섯 자리 숫자로 이루어진다. 하지만 열네 자리나 열다섯 자리인 경우는 없으므로 범위를 사용할 수는 없다. 4는 4와 일치하고, \d{12}는 다음 열두 자리 숫자와 일치하며, (\d{3})?는 그 뒤로 숫자가 세 개 더 있는 경우와 일치한다.

아메리칸익스프레스는 훨씬 간단한 패턴으로 일치한다.

예문

```
MasterCard: 5212345678901234
Visa 1: 4123456789012
Visa 2: 4123456789012345
Amex: 371234567890123
Discover: 601112345678901234
Diners Club: 38812345678901
```

정규 표현식

```
3[47]\d{13}
```

결과

```
MasterCard: 5212345678901234
Visa 1: 4123456789012
Visa 2: 4123456789012345
```

Amex: 371234567890123
Discover: 601112345678901234
Diners Club: 38812345678901

분석

아메리칸익스프레스 번호는 열다섯 자리 숫자이고 34나 37로 시작한다. 3[47]은
첫 두 자리 숫자와 일치하고, \d{13}은 나머지 열세 자리 숫자와 일치한다.

디스커버도 단순한 패턴으로 일치한다.

예문

MasterCard: 5212345678901234
Visa 1: 4123456789012
Visa 2: 4123456789012345
Amex: 371234567890123
Discover: 601112345678901234
Diners Club: 38812345678901

정규 표현식

6011\d{14}

결과

MasterCard: 5212345678901234
Visa 1: 4123456789012
Visa 2: 4123456789012345
Amex: 371234567890123
Discover: 601112345678901234
Diners Club: 38812345678901

분석

디스커버 번호는 열여덟 자리 숫자이고, 6011로 시작하므로 6011\d{14}로 일치에
성공했다.

다이너스클럽은 조금 더 복잡하다.

예문

MasterCard: 5212345678901234
Visa 1: 4123456789012

```
Visa 2: 4123456789012345
Amex: 371234567890123
Discover: 601112345678901234
Diners Club: 38812345678901
```

정규 표현식

```
(30[0-5]|36\d|38\d)\d{11}
```

결과

```
MasterCard: 5212345678901234
Visa 1: 4123456789012
Visa 2: 4123456789012345
Amex: 371234567890123
Discover: 601112345678901234
Diners Club: 38812345678901
```

분석

다이너스클럽 번호는 열네 자리 숫자이고 300에서 305 사이 혹은 36이나 38로 시
작한다. 만약 300에서 305 사이에 있는 숫자로 시작한다면 뒤에는 열한 자리 숫자
가 따라 오고, 36이나 38로 시작한다면 뒤에는 열두 자리 숫자가 이어진다. 이를 간
단히 하려면, 우선 첫 세 자리 숫자가 세 가지 중 어떤 경우라 해도 일치해야 한다.
(30[0-5]|36\d|38\d)는 세 가지 표현식을 담고 있는데, 30[0-5]는 300에서 305 사이
에 있는 숫자와 일치하고, 36\d는 36으로 시작하는 세 자리 숫자와, 38\d는 38로 시
작하는 세 자리 숫자와 각각 일치한다. 그리고 \d{11}은 나머지 열한 자리 숫자와
일치한다.

이제 주어진 카드번호가 여기서 예로 든 다섯 종류 카드 가운데 하나와
맞는지 확인하는 일만 남았다.

예문

```
MasterCard: 5212345678901234
Visa 1: 4123456789012
Visa 2: 4123456789012345
Amex: 371234567890123
Discover: 601112345678901234
Diners Club: 38812345678901
```

정규 표현식

(5[1-5]\d{14})|(4\d{12}(\d{3})?)|(3[47]\d{13})|(6011\d{14})|((30[0-5]|
-36\d|38\d)\d{11})

결과

MasterCard: 5212345678901234
Visa 1: 4123456789012
Visa 2: 4123456789012345
Amex: 371234567890123
Discover: 601112345678901234
Diners Club: 38812345678901

분석

이 패턴에서는 앞서 적용했던 패턴들을 모두 포함하도록, 각 패턴을 OR(|)로 구분
하는 선택 구문(다른 대안이나 구문을 제공한다)을 활용한다. 결과는 어떻게 됐을
까? 주요 카드들을 간단히 검증할 수 있게 되었다.

 이 예는 신용카드 번호가 시작하는 숫자와 길이가 맞는지를 확인하는 패턴이다.
하지만 비자카드의 번호를 보면 4로 시작하고 나머지가 열세 자리 숫자로 채워
졌다고 모두 유효하지는 않다. 모드 10(Mod 10)이라고 알려진[4] 공식을 사용하
면 여기서 사용한 모든 종류의 신용카드 번호가 정말로 유효한지 알 수 있다. 모
드 10은 신용카드 처리 구현에 있어 매우 중요한 부분이지만, 수학과 관련된 연
산을 수행하므로 정규 표현식에서는 처리하지 않는다.

주민등록번호[5]

이번에는 주민등록번호를 일치시켜 볼 텐데, 처음에는 최대한 단순하게
일치시키고 조금씩 더 정교하게 다듬는 과정을 거칠 것이다. 이 책에서
앞서 밝혔듯이, 정규 표현식에 맞고 틀리고는 없다. 다만 문제 상황에
얼마나 더 엄격하게 적용하는지 정도의 차이만 있을 뿐이다.

---

4 (옮긴이) 룬 알고리즘(Luhn algorithm)이라고도 하며, 자세한 공식은 *http://en.wikipedia.org/wiki/
Luhn_algorithm*에 있다.
5 (옮긴이) "주민등록번호" 절부터 장 마지막의 "정규 표현식과 한글과 유니코드" 절까지는 옮긴이
가 추가로 작성한 예제다.

주민등록번호를 최대한 단순하게 표현하면, 여러 숫자 사이에 하이픈 (-)이 삽입된 형태로 생각해 볼 수 있다.

예문

790814-1234567

정규 표현식

\d+-\d+

결과

790814-1234567

분석

\d+는 하이픈 앞쪽에 있는 생년월일과 일치하고, 하이픈(-) 문자는 하이픈과 일치하며, 마지막으로 \d+는 주민등록번호의 뒷자리와 일치한다.

정말 간단하지 않은가? 하지만 간단한 만큼 구멍도 큰 법이다.

예문

790814-1234567
135-600

정규 표현식

\d+-\d+

결과

790814-1234567
135-600

분석

우편번호와도 일치해 버렸다. 어떻게 해결할 수 있을까? 주민등록번호의 자릿수는 일정하므로 일치할 숫자의 수를 정확하게 명시하면 해결할 수 있다.

예문

790814-1234567
135-600

정규 표현식

\d{6}-\d{7}

결과

790814-1234567
135-600

분석

\d{6}은 하이픈 앞의 여섯 자리 생년월일과 일치하고, 하이픈(-) 문자는 하이픈과 일치하며, \d{7}은 마지막으로 일곱 자리 숫자와 일치한다.

이것만으로도 만족할 사람이 있을지 모르겠다. 하지만 좀 더 엄격한 패턴을 원하는 사람이 더 많을 것이다. 앞서 본 패턴으로는 799999-1234567 역시 일치한다. 99월 99일이라는 날짜는 없으므로 날짜 형식에 맞는 패턴으로 다듬어야 한다.

예문

790814-1234567
135-600
799999-1234567
791231-1234567

정규 표현식

\d{2}(0[1-9]|1[0-2])(0[1-9]|[12][0-9]|3[01])-\d{7}

결과

790814-1234567
135-600
799999-1234567
791231-1234567

분석

\d{2}는 주민등록번호의 연도 부분과 일치한다. (0[1-9]|1[0-2])는 OR 연산자로 구분하여 0으로 시작할 때는 두 번째 자리에 1과 9 사이의 수와, 1로 시작할 때는 두 번째 자리에 0과 2 사이의 수와 일치해 결과적으로 주민등록번호의 월과 일치한다. (0[1-9]|[12][0-9]|3[01])은 0으로 시작할 때는 두 번째 자리에 1과 9 사이의 수

와, 1이나 2로 시작할 때는 두 번째 자리에 0과 9 사이의 수와, 마지막으로 3으로 시작할 때는 두 번째 자리에 0이나 1과 일치해 결과적으로 주민등록번호의 날짜와 일치한다. 이어서 하이픈(–) 문자는 하이픈과 일치한 후, \d{7}은 마지막으로 일곱 자리 숫자와 일치한다.

이제 어느 정도 쓸 만한 패턴이 나왔다. 여기에 한 가지 검사를 추가하면, 하이픈 뒤에 일곱 자리 숫자는 남자는 1, 여자는 2로 시작한다. 그런데 현재 주민등록번호에서는 연도에 마지막 두 자리만 사용하므로 2000년도에 태어난 사람과 1900년도에 태어난 사람을 구별할 수 없다. 그래서 2000년 이후에 태어난 사람들은 하이픈 뒤 일곱 자리 숫자로 남자는 3, 여자는 4를 쓴다. 이를 패턴에 적용하면 다음과 같다.

예문

```
790814-1234567
135-600
799999-1234567
080601-3456789
791231-1234567
830105-5678123
100406-4567890
```

정규 표현식

```
\d{2}(0[1-9]|1[0-2])(0[1-9]|[12][0-9]|3[01])-[1-4]\d{6}
```

결과

```
790814-1234567
135-600
799999-1234567
080601-3456789
791231-1234567
830105-5678123
100406-4567890
```

분석

하이픈 다음 부분만 설명하면, 우선 1과 4 사이에 있는 숫자 하나와 일치한 다음, 나머지 숫자 여섯 개와 일치한다.

최종 패턴이 과연 완벽하게 형식이 옳은 주민등록번호만 일치시킬까?
안타깝게도 그렇지 않다. 우선 날짜가 2월이나 4월에도 31일까지 나올
수 있다. 그리고 성별을 나타내는 숫자도 연도에 상관없이 1, 3 혹은 2,
4가 나올 수 있다. 마지막으로, 앞서 본 카드번호 예제와 마찬가지로 주
민등록번호 역시 고유한 알고리즘으로 마지막 자리 숫자를 결정하는데,
정규 표현식으로 그 부분까지 처리하지는 못한다. 여러 번 강조했듯이,
정규 표현식에 정답은 없다. 그러니 우리 스스로 얼마나 많은 범위를 처
리할 것인지를 결정해야 한다.

미국식 날짜 형식을 국제표준(ISO 8601) 날짜 형식으로 바꾸기

웹 페이지를 다루다 보면, 미국식 날짜 형식을 우리나라에서 사용하
는 날짜 형식으로 바꿔야 하거나, 혹은 반대로 바꾸는 작업을 자주하게
된다.

mm/dd/yyyy 날짜 형식을 yyyy-mm-dd 형식으로 변환해 보자.

예문

08/14/1979

정규 표현식

([\d]{2})\/([\d]{2})\/([\d]{4})

치환 표현식

$3-$1-$2

결과

1979-08-14

분석

하위 표현식 세 개가 슬래시(/)로 구분되어 있다. 처음 ([\d]{2})가 두 자리 숫자
인 08과 일치했고, 다음에 나오는 슬래시는 문자 그대로 슬래시와, 다음 ([\d]{2})

역시 두 자리 숫자인 14와 일치했다. 다시 슬래시가 일치하고, 마지막으로 ([\d]{4})는 1979와 일치한다. 이렇게 일치한 부분은 치환 패턴에서 각각 월, 일, 연도가 $1, $2, $3과 대응한다. 이제 이를 우리나라에서 사용하는 순서인 연도, 월, 일 순으로 배열하고, 그 사이에 하이픈을 삽입하면, 최종적으로 치환 패턴은 $3-$1-$2가 된다.

함수 이름 바꾸기

프로그램을 작성하다 보면, 처음 만들었던 함수 이름이 마음에 들지 않아 고치고 싶은 경우가 자주 있다. 코드를 많이 작성한 만큼 고쳐야 할 곳도 많아진다. 정규 표현식을 사용해 한번에 고쳐 보자.

예제는 파이썬으로 작성한 코드로, get_id라는 이름을 지닌 함수가 있고, 코드 안에서는 id라는 키(key) 값으로 값을 얻어 온다. 여기서 함수 이름을 get_userid로 바꾸고, 동시에 키 값도 userid로 바꾸려고 한다.

예문

```
def get_id(account):
    return account['id']
```

정규 표현식

```
id
```

치환표현식

```
userid
```

결과

```
def get_userid(account):
    return account['userid']
```

분석

가장 간단한 방법으로, id와 일치하는 부분을 userid로 치환하였다. 이런 정도는 굳이 정규 표현식을 사용하시 않더라도, 보통 사용하는 도구나 에디터에 있는 치환 명령으로도 작업할 수 있다.

잘 동작하는 것처럼 보이지만 비슷한 이름의 함수가 있으면 문제가 달라진다. 다음 예제를 보자.

예문

```
def get_id(account):
    return account['id']

def get_idle_time():
    conf = load_conf('default.conf')
    return conf['idle_time']
```

정규 표현식

```
id
```

치환 표현식

```
userid
```

결과

```
def get_userid(account):
    return account['userid']

def get_useridle_time():
    conf = load_conf('default.conf')
    return conf['useridle_time']
```

분석

get_id와 account['id']를 각각 get_userid와 account['userid']로 변경하고 싶었지만, 그 아래 get_idle_time 함수와 idle_time 키 값도 각각 get_useridle_time과 useridle_time으로 변경되었다. 이는 우리가 의도한 바가 아니다.

치환하길 원하는 텍스트의 앞뒤를 하위 표현식으로 묶음으로써 이 문제를 해결할 수 있다.

예문

```
def get_id(account):
    return account['id']
```

```
def get_idle_time():
    conf = load_conf('default.conf')
    return conf['idle_time']
```

정규 표현식

`([_'])(id)(['(])`

치환표현식

`$1userid$3`

결과

```
def get_userid(account):
    return account['userid']

def get_idle_time():
    conf = load_conf('default.conf')
    return conf['idle_time']
```

분석

이번 패턴은 하위 표현식 세 개로 이루어졌다. 하나씩 살펴보자. 첫 번째 하위 표현식은 _나 '와 일치하고, 두 번째 하위 표현식은 id와 일치하며, 마지막 하위 표현식은 '나 (와 일치한다. 따라서 양 옆이 밑줄(_)과 (사이에 있는 id나 작은 따옴표(') 사이에 있는 id 두 군데와 일치한다.

 여기서 _id'나 'id(나 'id_가 검색될 확률은 없을까? 물론 이와 같은 문자열이 있을 수는 있지만, 실제 프로그래밍 언어에서 저런 구문을 사용할 가능성은 작다. 만약 여러분이 사용하는 프로그래밍 언어에서 이와 같은 문자열을 사용한다면, 정규 표현식을 수정해야 한다. 정규 표현식을 사용할 때는 현재 주어진 문제를 어떻게 가장 효율적으로 해결할지 고민하자.

 여기서 소스코드를 어떻게 작성했는시에 띠디 치환찰 테스트이 앞뒤 문자를 어떻게 일치시킬지 달라진다. 어떤 식으로 동작하는지만 확인하고 자신에게 맞도록 수정해 사용하자.

정규 표현식과 한글과 유니코드

한글 일치시키기

지금까지는 예제와 표현식이 모두 영어로만 되어 있었다. 과연 정규 표현식에서 한글을 사용하려면 어떻게 해야 할까? 기본적인 사항은 거의 같다.

예문

안녕하세요? 인사이트출판사입니다.

정규 표현식

인사이트출판사

결과

안녕하세요? **인사이트출판사**입니다.

분석

영어와 마찬가지로 문자 그대로 일치한다.

한 가지 조심할 점이 있다. 앞서 문자를 일치시킬 목적으로 \w 메타 문자를 많이 사용했는데, 한글은 \w와 일치하지 않는다. 4장 "메타 문자 사용하기"에서도 언급했듯이, \w 메타 문자는 [A-Za-z0-9]와 일치한다. 지금까지 나온 예제는 모두 영어로만 이루어졌기 때문에 \w와 일치했지만, 혹시라도 \w 메타 문자가 모든 문자와 일치한다고 오해하지 않기를 바란다.

　\w 메타 문자가 한글과 일치하지 않아서 생기는 문제가 하나 더 있다. 다음 예제를 보자. 과목명 옆에 점수를 구간에 따라 '수우미양가'로 표현한 점수표에서 평균을 구하려면 점수만을 읽어야 한다.

예문

국어 : 수
영어 : 수
수학 : 수

미술 : 양
체육 : 가

정규 표현식

(수|우|미|양|가)

결과

국어 : **수**
영어 : **수**
수학 : **수**
미술 : **양**
체육 : **가**

분석

수학의 '수'도 점수 구간 (**수**|**우**|**미**|**양**|**가**) 중 하나와 일치했다. 그뿐 아니라 미술의
'미'도 일치한다. 이러면 정확한 결과를 얻을 수 없다.

 이번 예제에서 정규 표현식을 [수우미양가]가 아닌 (수|우|미|양|가)로 작성한 점
이 이상해 보일 수 있다. 안타깝게도 많은 정규 표현식 구현에서 [수우미양가]와
같은 정규 표현식 형태를 지원하지 못한다. 문자 집합을 나타내는 메타 문자([
])는 집합에 속한 문자 중 하나와 일치하는데, 한글처럼 두 바이트 이상으로 이
루어진 문자는 제대로 인식하지 못하는 경우가 많다.

6장 "위치 찾기"에서 배운 단어 경계를 나타내는 메타 문자 \b를 사용하
면 해결할 수 있을까? 다음 예제를 보자.

예문

국어 : 수
영어 : 수
수학 : 수
미술 : 양
체육 : 가

정규 표현식

\b(수|우|미|양|가)\b

결과

국어 : 수
영어 : 수
수학 : 수
미술 : 양
체육 : 가

분석

단어 경계를 나타내고자 \b를 사용했지만, 사실 \b는 영단어의 경계만 나타낸다. 6장 "위치 찾기"에서도 언급했듯이, \b가 일치하는 부분은 \w와 \W 사이다. \w는 영문자와 일치하고 \W는 영문자 외의 문자들과 일치하므로, 한글은 \W와 일치해 \b로는 구별하지 못한다. 예문에서 \w와 일치하는 문자가 없으므로 결과에서 아무것도 일치하지 않았다.

어떻게 성적만 따로 일치시킬 수 있을까? 여러 방법이 있겠지만 우선 전후방탐색을 살펴보자.

예문

국어 : 수
영어 : 수
수학 : 수
미술 : 양
체육 : 가

정규 표현식

(?<=\s)(수|우|미|양|가)(?=\s)

결과

국어 : **수**
영어 : **수**
수학 : **수**
미술 : **양**
체육 : **가**

분석

이번에는 원하는 대로 결과가 나왔다. 우선 후방탐색으로 \s와 일치하는 공백을 찾고, (수|우|미|양|가)는 '수우미양가' 중 한 문자와 일치한 다음 다시 전방탐색으로

\s와 일치하는 공백을 찾는다. 따라서 한글이 연속해 나오는 미술이나 수학과는 일치하지 않는다.

 전후방탐색을 지원하지 않는 정규 표현식 구현에서는 (?<=\s) 패턴과 (?=\s) 패턴을 각각 (\s), (\s) 하위 표현식으로 바꾼 후 '수우미양가'와 일치한 부분만 따로 뽑아내면 된다.

잘 동작하는 것처럼 보인다. 하지만 만약 각 과목과 점수 사이에 공백이 없다면 어떻게 될까?

예문

국어:수
영어:수
수학:수
미술:양
체육:가

정규 표현식

(?<=\s)(수|우|미|양|가)(?=\s)

결과

국어:수
영어:수
수학:수
미술:양
체육:가

분석

공백 사이에 위치한 '수우미양가' 가운데 공백 사이에 위치한 문자가 없기 때문에 일치하는 결과가 없다.

단순하게 패턴을 (?<=[\s:])(수|우|미|양|가)(?=[\s:])로 바꿔서 문제를 해결하는 방법도 있지만, \b처럼 한글이 아닌 문자와 일치하도록 패턴을 만들면, 좀 더 확실하고 범용적으로 해결할 수 있다.

예문

국어:수
영어:수
수학:수
미술:양
체육:가

정규 표현식

(?<=[^가-힣])(수|우|미|양|가)(?=[^가-힣])

결과

국어:수
영어:수
수학:수
미술:양
체육:가

분석

[^가-힣] 패턴이 생소해 보인다. 우선 [가-힣]를 먼저 살펴보자. 유니코드에서 '가'
는 한글 문자 집합에서 가장 첫 번째 문자고, '힣'는 가장 마지막 문자다. 그리고 하
이픈(-)은 문자의 범위를 나타내므로, [가-힣] 패턴은 [A-Z] 패턴과 마찬가지로 '가'
문자부터 '힣' 문자 사이에 있는 모든 문자를 나타낸다. 즉, [가-힣] 패턴은 모든 한
글 문자와 일치한다. 여기에 캐럿(^) 문자(3장 참조)를 집합에 추가함으로써, [^가-
힣] 패턴은 한글이 아닌 문자와 모두 일치한다.

 이 예제는 유니코드 환경에서만 제대로 동작한다. 따라서 euc-kr 등으로 인코딩
된 텍스트일 경우는 일치하지 않으며, 루비 1.8 버전 같이 정규 표현식에서 유니
코드를 지원하지 않는 구현에서도 제대로 동작하지 않는다.

유니코드 일치시키기

유니코드에는 한글뿐만 아니라 다양한 언어와 기호가 포함되어 있다.
저작권 표시(©)와 같이 키보드로 입력하기 어려운 기호를 정규 표현식
으로 일치시키려면 어떻게 해야 할까? 다양한 방법이 존재하지만, 그
중에서 유니코드 번호(Unicode code point)를 사용하는 방법을 알아
보자.

유니코드는 문자마다 순서대로 번호를 할당한다. 이 번호(code point)를 직접 사용해 유니코드 문자와 일치시킬 수 있다.

예문

Copyright © 2019 인사이트

정규 표현식

\u00a9

결과

Copyright © 2019 인사이트

분석

© 문자에 할당된 번호 00a9를 통해 © 문자와 일치했다.

❗ 파이썬에서는 해당 정규 표현 문자열 앞에 u"\u00a9"와 같이 u를 붙여 유니코드임을 나타내야 한다.

✅ 예제와 같은 형식의 유니코드 번호(Unicode code point)를 통한 정규 표현식 일치는 자바, 자바스크립트, 닷넷, 파이썬에서 지원하며 펄, PCRE, 루비(1.9 이상)에서는 \u{00a9}와 같은 형식으로 표현한다.

💡 유니코드 번호 외에도 유니코드 블록(Unicode block), 유니코드 스크립트 (Unicode script) 등을 사용해 일치시키는 방법도 있지만, 많은 정규 표현식 구현에서 지원하지 않기 때문에 생략했다.

요약

지금까지 책에 소개된 많은 개념과 아이디어들을 실제로 어떻게 사용하는지 보았다. 여기서 사용한 예제들은 얼마든지 자유롭게 사용하고, 적용해도 좋다. 자, 신나고 생산적인 정규 표현식의 세계로 온 걸 환영한다.

부록 A

많이 쓰는 애플리케이션과 언어에서 활용하는 정규 표현식

기본 정규 표현식 문법이 여러 구현에서 대부분 동일하다 해도, 정규 표현식을 사용하는 방식은 다르다. 정규 표현식을 지원하는 언어와 애플리케이션에는 자신만의 호출 방법이 있고, 대개 사소한(사소하지 않을 때도 있지만) 차이점이 존재한다. 이 부록에서는 많이 쓰는 애플리케이션과 언어에서 정규 표현식을 어떻게 사용하는지에 대해 설명하고, 덧붙여 고유한 사용법도 제공한다.

 이 부록에서 다루는 정보는 참고자료로 제공하거나, 여러분이 정규 표현식을 시작하는 데 도움을 줄 목적으로 쓰였다. 각 구현에서 사용하는 더 구체적인 예제나 설명은 이 책에서 다루지 않으며, 더 많은 정보를 얻고 싶다면 각 애플리케이션이나 언어의 문서를 참고하길 바란다.

grep

grep은 파일이나 표준 입력된 텍스트를 대상으로 검색을 수행하는 유닉스 유틸리티다. grep에서 다음 사항 중 하나를 선택하면 기본, 확장, 펄(Perl)과 호환되는 정규 표현식을 쓸 수 있다.

• -E로 확장 정규 표현식을 사용한다.

- -G로 기본 정규 표현식을 사용한다.
- -P로 펄 정규 표현식을 사용한다.

> 🔲 정규 표현식이 지닌 정확한 특징과 기능은 어떤 선택 사항을 선택했는지에 따라
> 달라진다. 대다수 사용자들은 표준에 가깝다는 이유로 펄 정규 표현식을 선택한
> 다. 이 이유는 "펄" 절에서 설명하겠다.

다음 사항을 유념하자.

- 기본적으로 grep은 일치하는 부분이 있으면, 그 줄을 모두 표시한다. 만약 정확히 일치하는 부분만 보고 싶다면, -o 옵션을 쓴다.
- -v 옵션은 일치한 부분을 반전시켜 일치하는 않는 줄만 표시한다.
- -c 옵션은 일치한 내용을 보여주지 않고 일치하는 개수를 표시한다.
- -i 옵션은 대소문자를 구별하지 않고 일치시킨다.
- grep은 찾기 명령만 수행하고 치환 명령은 지원하지 않으므로 치환을 사용할 수 없다.

자바

정규 표현식 검색은 `java.util.regex.matcher` 클래스와 다음 메서드로 지원한다.

- find() — 문자열에서 패턴과 일치하는 부분이 있는지 찾는다.
- lookingAt() — 문자열이 주어진 패턴으로 시작하는지 일치시켜 본다.
- matches() — 문자열 전체를 주어진 패턴과 일치시켜 본다.
- replaceAll() — 일치하는 부분을 모두 치환한다.
- replaceFirst() — 처음 일치하는 부분만 치환한다.

추가 클래스 메서드를 사용해 더 구체적으로 정규 표현식을 설정할 수 있다. 게다가 `java.util.regex.pattern` 클래스를 써서 간단한 래퍼 메서드를 사용할 수 있다.

- compile() — 정규 표현식을 패턴으로 컴파일한다.
- flags() — 패턴에 설정되어 있는 일치 플래그를 반환한다.
- matches() — 앞서 설명한 matches() 메서드와 기능이 같다.
- pattern() — 만들었던 패턴에서 정규 표현식 부분을 문자열로 반환한다.
- split() — 문자열을 하위 문자열로 나눈다.

썬의 정규 표현식은 펄 구현을 기반으로 지원하지만, 다음 사항들을 유의해야 한다.

- 정규 표현식을 사용하려면 import java.util.regex.*라는 정규 표현식 패키지를 반드시 포함해야 한다. 이 식은 패키지 전체를 포함하며, 만약 특정 부분만 필요하면 * 대신 해당 클래스 이름을 쓰면 된다.
- 조건 달기는 지원하지 않는다.
- \E, \l, \L, \u, \U를 이용한 대소문자 변환은 지원하지 않는다.
- \b를 통한 백스페이스 일치도 지원하지 않는다.
- \z는 지원하지 않는다.

자바스크립트

자바스크립트에서는 String과 RegEx 객체를 다음 메서드로 처리하여 정규 표현식을 구현한다.

- RegEx 객체의 exec 메서드 — 일치하는 부분을 찾는다.
- String 객체의 match 메서드 — 문자열을 찾는다.
- String 객체의 replace 메서드 — 치환 명령을 수행한다.
- String 객체의 search 메서드 — 문자열에서 일치하는 부분이 있는지 검사한다.
- String 객체의 split 메서드 — 문자열 하나를 여러 개로 나눈다.

- RegEx 객체의 test 메서드 — 주어진 문자열이 일치하는지 검사한다.

자바스크립트에서 지원하는 정규 표현식은 펄을 기준으로 삼았지만, 다음 사항들은 조심해야 한다.

- 자바스크립트는 플래그(flag)를 사용해 전역 대소문자를 구별해 검색한다. g로 전역을 설정하고, i는 대소문자를 구별하지 않고 일치시키며, 이 두 개를 합쳐서 gi로 표시하기도 한다.
- 버전 4 이상의 브라우저에서 지원하는 변경자로, 다중행 문자열을 지원하는 m, 단일행 문자열을 지원하는 s, 정규 표현식 안에 포함된 공백을 무시하는 x 지시자가 추가되었다.
- 역참조를 사용할 때, $`는 일치하는 문자열 앞에 있는 문자열을 모두 반환하고, $'는 일치하는 문자열 뒤에 오는 문자열을 모두 반환한다. $+는 마지막 하위 표현식과 일치한 내용을 반환하며, $&는 일치한 문자열을 모두 반환한다.
- 자바스크립트에는 RegExp라는 전역 객체가 있어, 정규 표현식을 실행한 다음에 관련된 정보를 얻어올 수 있다.
- 포직스(POSIX) 문자 클래스는 지원하지 않는다.
- \A와 \Z는 지원하지 않는다.

마이크로소프트 닷넷

닷넷 프레임워크는 기본 클래스 라이브러리에서 강력하고 유연한 정규 표현식 처리를 제공한다. 그래서 ASP 닷넷, C#, 비주얼 스튜디오 닷넷을 포함한 닷넷 언어와 도구에서는 모두 정규 표현식을 사용할 수 있다.

닷넷에서는 Regex라는 클래스로, 기능을 추가로 제공하는 다른 클래스와 함께 정규 표현식을 지원한다. Regex에는 다음과 같은 메서드가 있다.

- IsMatch() — 주어진 문자열에서 일치하는 부분이 있는지 확인한다.
- Match() — 일치하는 부분을 하나 찾아 Match 객체로 반환한다.

- Matches() — 일치하는 부분을 모두 찾아 MatchCollection 객체로 반환한다.
- Replace() — 주어진 문자열에서 치환을 수행한다.
- Split() — 문자열을 여러 문자열 배열로 나눈다.

래퍼(wrapper) 함수를 이용하면 Regex 클래스를 생성하지 않고도 정규 표현식을 실행할 수 있다.

- Regex.IsMatch() — IsMatch() 메서드와 기능이 같다.
- Regex.Match() — Match() 메서드와 기능이 같다.
- Regex.Matches() — Matches() 메서드와 기능이 같다.
- Regex.Replace() — Replace() 메서드와 기능이 같다.
- Regex.Split() — Split() 메서드와 기능이 같다.

다음은 닷넷 환경에서 정규 표현식을 사용할 때 유념해야 할 점이다.

- 정규 표현식을 사용하려면, Imports System.Text.RegularExpressions 를 써서 정규 표현식 객체를 임포트해야 한다.
- 코드에 정규 표현식을 빨리 적용하려면 래퍼 함수를 사용하는 것이 가장 좋다.
- 정규 표현식 옵션은 Regex.Options 속성으로 지정할 수 있는데, 구성원으로 지정할 수 있는 RegexOption 열거자로 IgnoreCase, Multiline, Singleline 등이 있다.
- 닷넷에 있는 '이름으로 저장하기' 기능으로 하위 표현식에 이름을 붙일 수 있다. 따라서 하위 표현식을 참조할 때, 숫자 대신 이름을 사용할 수 있다. ?<name>과 같은 문법으로 하위 표현식에 이름을 붙이면, \k<name>이라고 썼을 때는 역참조를 나타내고, ${name}이라고 하면 지환 패턴에서 역킵그힘을 나타낸다
- 역참조를 사용할 때, $`는 일치하는 문자열 앞에 있는 모든 문자열을 반환하고, $'는 일치하는 문자열 뒤에 오는 모든 문자열을 반환한다. $+는 마지막 하위 표현식과 일치한 내용을 반환하며, $_는 본래 문자

열 전체를, $&는 일치한 문자열을 모두 반환한다.

- \E, \l, \L, \u, \U를 이용한 대소문자 변환은 지원하지 않는다.
- 포직스 문자 클래스는 지원하지 않는다.

마이크로소프트 SQL 서버 T-SQL

마이크로소프트 SQL 서버는 기본적으로 정규 표현식을 지원하지 않는다. 그러나 SQL 서버 T-SQL 문에서는 정규 표현식 기능을 노출하는 마이크로소프트 CLR(Common Language Runtime)을 사용할 수 있다. CLR은 이 책의 범위를 벗어나지만, 마이크로소프트의 사이트에서 관련 문서를 찾을 수 있다.

마이크로소프트 비주얼 스튜디오 닷넷

비주얼 스튜디오 닷넷에서 지원하는 정규 표현식은 닷넷 프레임워크를 이용한다. 앞서 나온 "마이크로소프트 닷넷" 절을 살펴보기 바란다.
다음은 정규 표현식을 쓰는 방법이다.

- 편집(Edit) 메뉴에서 찾기와 바꾸기(Find and Replace)를 선택한다.
- 찾기(Find), 바꾸기(Replace), 파일에서 찾기(Find in Files), 파일에서 바꾸기(Replace in Files) 중 하나를 선택한다.
- 사용(Use) 체크박스에 표시하고, 드롭다운 메뉴에서 정규 표현식을 선택한다.

다음 사항에 유의한다.

- *? 대신 @을 사용한다.
- +? 대신 #을 사용한다.
- {n} 대신 ^n을 사용한다.
- 치환 명령에서 역참조를 (\w,n) 형식으로 쓰면, 왼쪽에 맞춰 정렬하여 지정한 폭만큼 빈칸을 채워 넣는다. 오른쪽을 기준으로 하려면

\(-w,n)을 사용한다. w에는 폭이 들어가고, n에는 역참조 번호가 들어간다.

- 비주얼 스튜디오 닷넷은 다음에 나열되는 특별한 메타 문자와 기호를 사용한다. :a는 [a-zA-Z0-9]를 의미하고, :c는 [a-zA-Z], :d는 \d, :h는 [a-fA-F0-9](16진수 문자), :i는 유효한 식별자 [a-zA-Z_$][a-zA-Z_0-9$]*, :q는 따옴표가 있는(quoted) 문자열, :w는 [a-zA-Z]+, :z는 \d+를 의미한다.
- \n은 플랫폼에 종속적이지 않은 줄바꿈 문자이며 치환 명령에서 사용하면 새 행을 삽입한다.
- 글자를 일치시키는 특별한 문자가 있다. :Lu는 대문자와 일치하고, :Ll은 대소문자와 일치하며, :Lt는 첫 글자가 대문자인 제목과, :Lm은 구두문자와 일치한다.
- 숫자를 일치시키는 특별한 문자가 있다. :Nd는 [0-9]+와 일치하고, :Nl은 로마식 숫자와 일치한다.
- 구두문자(문장부호)를 일치시키는 특별한 문자가 있다. :Ps는 여는 구두문자, :Pe는 닫는 구두문자, :Pi는 쌍따옴표, :Pf는 따옴표, :Pd는 하이픈, :Pc는 밑줄, :Po는 다른 구두문자와 일치한다.
- 기호를 일치시키는 특별한 문자가 있다. :Sm은 수학 기호, :Sc는 통화 기호, :Sk는 강세 변경자, :So는 다른 특별한 기호와 일치한다.
- 다른 특별한 문자들도 지원하는데, 더 자세한 내용은 비주얼 스튜디오 닷넷 문서를 찾아보기 바란다.

MySQL

MySQL은 인기 있는 오픈 소스 데이터베이스로, 다른 데이터베이스에서 아직 시도하지 않은, 데이터베이스 검색을 수행하는 데 정규 표현식을 지원하는 과감한 시도를 했다.

MySQL에서는 WHERE 절에서 다음과 같은 형식을 써넣어 정규 표현식을 지원한다.

REGEXP "표현식"

 정규 표현식을 사용한 완전한 MySQL 선언문의 문법은 다음과 같은 형태다.

SELECT * FROM "테이블 이름" WHERE "컬럼 이름" REGEXP "표현식"

MySQL은 매우 유용하고 강력한 정규 표현식 기능을 지원하지만, 정규 표현식이 지닌 모든 기능을 구현하지는 않는다.

- 검색 기능만 지원한다. 즉, 치환 명령은 지원하지 않는다.
- 검색할 때 대소문자를 구별하지 않는다. 대소문자를 구별해 검색하려면, BINARY 예약어(keyword)를 사용한다. 이 예약어는 REGEXP와 표현식 사이에 둔다.
- 시작하는 단어를 찾을 때는 [[:<:]]를 사용하고, 끝나는 단어를 찾을 때는 [[:>:]]를 사용한다.
- 전후방탐색은 지원하지 않는다.
- 조건 달기는 지원하지 않는다.
- 8진수 문자 검색을 지원하지 않는다.
- \a, \b, \e, \f, \v는 지원하지 않는다.
- 역참조는 지원하지 않는다.

오라클 PL/SQL

PL/SQL은 오라클 DBMS에 사용되는 SQL 형식이다. PL/SQL은 다음과 같이 정규식을 지원한다.

- SQL LIKE 대신 REGEXP_LIKE를 사용할 수 있다.

다음은 PL/SQL 정규식과 관련된 몇 가지 유용한 참고 사항이다.

- REGEXP_LIKE는 VARCHAR2, CHAR, NVARCHAR2, NCHAR, CLOB, NCLOB 자료형의 텍스트를 찾기 위해 사용할 수 있다.

- 대소문자 구분을 위해 REGEXP_LIKE 매칭 매개변수 c를 지정한다.
- 대소문자 구분을 하지 않으려면 REGEXP_LIKE 매칭 매개변수 i를 지정한다.
- .를 줄바꿈 문자에 일치시키려면 REGEXP_LIKE 매칭 매개변수 n을 지정한다.
- 공백 문자를 무시하려면 REGEXP_LIKE 매칭 매개변수 x를 지정한다.
- OR 조건을 위해서 파이프 문자(|)를 사용할 수 있다.

펄

펄은 정규 표현식 구현에서, 말하자면 할아버지 격이다. 그래서 대다수 구현은 펄과 호환성을 유지하려 한다. 정규 표현식 지원은 펄의 핵심 부분인 덕에, 명령과 패턴을 써넣기만 하면 간단하게 사용할 수 있다.

- m/**패턴**/ — 주어진 패턴으로 일치한다.
- s/**패턴**/**패턴**/ — 치환 명령을 수행한다.
- qr/**패턴**/ — 나중에 사용할 Regex 객체를 반환한다.
- split() — 문자열을 하위 문자열로 나눈다.

다음은 펄의 정규 표현식을 익히는 데 유용한 내용이다.

- 변경자가 패턴 뒤에 나올 수 있다. 검색할 때 /i를 사용하면 대소문자를 구별하지 않는다는 의미고, /g를 사용하면 전역, 즉 일치하는 모든 것을 일치시킨다는 의미다.
- 역참조를 사용할 때, $`는 일치하는 문자열 앞에 나오는 문자열을 모두 반환하고, $'는 일치하는 문자열 뒤에 나오는 문자열을 모두 반환한다. $+는 마지막 하위 표현식과 일치한 내용을 반환하며, $&는 일치한 문자열을 모두 반환한다.

PHP

PHP는 PCRE(Perl Compatible Regular Expressions) 패키지를 통해 펄과 호환되는 정규 표현식을 지원한다.

PCRE에서는 다음 정규 표현식 함수들을 지원한다.

- preg_grep() — 검색을 수행하고 일치한 결과들을 배열로 반환한다.
- preg_match() — 정규 표현식 검색을 수행하고, 처음 일치한 부분을 반환한다.
- preg_match_all() — 정규 표현식 검색을 수행하고 일치하는 내용을 모두 반환한다.
- preg_quote() — 패턴을 가져오고 이스케이프된 버전을 반환한다.
- preg_replace() — 검색한 다음 치환 명령을 수행한다.
- preg_replace_callback() — 검색한 다음 치환 명령을 수행하는데, 실제 치환은 콜백 함수를 사용한다.
- preg_split() — 문자열을 하위 문자열로 나눈다.

다음 사항들을 유념하자.

- 대소문자를 구별하지 않으려면 i 변경자를 사용한다.
- 다중행 문자열은 m 변경자로 찾을 수 있다.
- PHP에서는 치환할 문자열에 PHP 코드를 넣어 실행하도록 할 수 있다. 이 기능을 사용하려면 e 변경자를 사용한다.
- preg_replace(), preg_replace_callback(), preg_split()에서는 치환과 분리를 몇 번이나 수행할지 제한하도록 매개변수를 지정할 수 있다.
- PHP 4.0.4 이후 버전에서는 역참조를 펄의 $ 문법(예를 들어 $1)을 통해 가리키는데, 이전 버전에서는 $ 대신 \\를 사용한다.
- \l, \u, \L, \U, \E, \Q, \v는 지원하지 않는다.

파이썬

파이썬은 re 모듈을 통해 정규 표현식을 지원한다.

파이썬은 다음과 같은 정규 표현식 기능을 지원한다.

- preg_grep() — 검색을 수행하고 매칭 항목의 배열을 반환한다.
- findall() — 모든 하위 문자열을 찾아 리스트로 반환한다.
- finditer() — 모든 하위 문자열을 찾아서 이터레이터(iterator)로 반환한다.
- match() — 문자열의 시작 부분에 정규 표현식을 검색한다.
- search() — 문자열의 모든 매칭 항목에 대해 검색한다.
- split() — 문자열을 리스트로 변환하여 패턴이 일치될 때마다 문자열을 나눈다.
- sub() — 지정된 하위 문자열과 일치한다.
- subn() — 매칭 항목이 지정된 하위 문자열로 대체되는 문자열을 반환한다.

다음 사항에 유의하도록 한다.

- 정규 표현식을 사용하기 전에 re.compile을 사용하여 정규 표현식을 객체로 컴파일한다.
- re.compile은 대소문자를 구분하지 않는 검색을 위해 re.IGNORECASE 와 같은 선택적 플래그를 사용할 수 있다.
- re.VERBOSE 플래그를 사용하면 정규 표현식 디버깅에 도움이 된다.
- match()와 search()는 일치하는 항목이 없을 경우 None을 반환한다.

루비[1]

루비(Ruby)는 기본적으로 펄과 매우 유사한 방식으로 정규 표현식을 사용할 수 있다. 루비는 Regexp 클래스를 이용해 정규 표현식을 지원한

---

1 (옮긴이) "루비" 절은 옮긴이가 추가로 작성한 절이다 .

다. Regexp 객체를 생성하는 방법은 세 가지가 있다.

- Regexp.new(패턴)
- /패턴/
- %r{패턴}

> ✅ 보통 두 번째 방법인 **/패턴/** 형식을 많이 사용하는데, 이 문법은 "펄" 절에서 참고했다.

> 💡 두 번째 방법으로 정규 표현식을 만들 때 뒤에 변경자를 붙여 동작을 바꿀 수 있다. 예를 들어 /[a-z]+/i라고 쓰면, 대소문자를 구분하지 않고 일치시킨다.

Regexp 클래스에는 다음과 같은 메서드들이 있다.

- new와 compile 메서드 — 새로운 정규 표현식 객체를 생성해서 반환한다.
- match 메서드 — 패턴과 일치하면 MatchData 객체를 반환하고, 일치하지 않으면, nil을 반환한다.
- =~ 메서드 — 패턴과 일치하면 위치를 반환하고, 일치하지 않으면 nil을 반환한다.

정규 표현식을 활용한 치환은 String 클래스에 있는 다음 메서드들을 써 지원한다.

- sub 메서드 — 처음 일치하는 텍스트를 사용자가 정한 텍스트로 치환한다.
- gsub 메서드 — 일치하는 모든 텍스트를 사용자가 정한 텍스트로 치환한다.

일치한 텍스트는 다음 변수들을 통해 접근할 수 있다.

- $& — 정규 표현식과 처음 일치한 텍스트를 반환한다.

- $\` — 정규 표현식과 일치한 텍스트의 앞부분을 반환한다.
- $' — 정규 표현식과 일치한 텍스트의 뒷부분을 반환한다.
- $1 ~ $9 — 일치한 하위 표현식을 역참조할 수 있다.

💡 MatchData는 배열처럼 접근할 수 있다. MatchData[1]은 $&와 동일한 결과를 반환한다.

❗ sub 메서드나 gsub 메서드로 치환 작업을 할 때 역참조는 역슬래시(\)를 사용한다.

찾아보기